메코시코주쿠 유학생 대학수험 총서

일본유학시험 (EJU) 실전문제집 전 10 회수록

수학 코스2 Vol. 1

MATHEMATIC COURSE 2

글로벌 인재 육성, 1984년 설립 ──
(주)해외교육사업단

監修	豊原 明（東京大学 PhD）
	馮 嘉卿（電気通信大学）
執筆	馬 佳駿（東京大学大学院）
	楊 斌（上智大学）
校正	程 柯棟（早稲田大学）
	阮 魯玉（早稲田大学）

Published by MEKO EDUCATION GROUP Co.,Ltd
Dai-san Yamahiro Bldg. 2F, 4-1-1, Kita-Shinjuku, Shinjuku, Tokyo 169-0074, Japan
ISBN978-4-909907-00-4
First published 2019

머 리 말

일본유학시험(EJU)은 외국인유학생이 일본의 대학에 입학함에 있어 일본어 및 기초학력 평가를 목적으로 2002년부터 실시하고 있는 시험입니다. 2019년 현재, 6월과 11월에 연 2회 실시하고 있으며 일본에서만이 아닌 아시아를 중심으로 한 많은 나라에서 수험할 수 있습니다.

일본유학시험의 시험과목은 일본어, 이과(물리·화학·생물), 종합과목과 수학으로 크게 4과목으로 나뉘어져 있으며 이과는 물리·화학·생물의 3과목에서 2과목을 선택하고, 수학은 코스1과 코스2 중 하나의 코스를 선택합니다. 각 과목의 시간배분은 일본어가 125분, 일본어 이외의 과목은 80분입니다. 배점은 일본어가 450점 만점, 다른 과목에 대해서는 각 200점 만점입니다. 각 과목에는 전문용어도 다수 쓰이고 있기 때문에 어휘력과 문제에 따라서는 독해력도 필요합니다.

메코시코주쿠에서는 일본유학시험의 경향, 분석 등의 연구를 평소 철저히 실시하고 있습니다. 본교에서 작성한 실전문제를 수업에 도입하였더니 실제 시험에서 고득점을 얻은 본교의 학생으로부터 "수업에서 푼 실전문제가 많은 도움이 되었다."라는 의견이 있었습니다. 그러한 경위에서 한 사람이라도 더 많이, 일본유학시험을 수험하는 분들에게 힘이 되고 싶다는 생각에서 본 책을 출판하였습니다.

본 책은 과거 일본유학시험의 출제내용에 기초하여 작성하였고 각 과목마다 과거에 출제된 문제에 매우 가까운 내용으로 구성되어 있습니다. 난이도나 출제범위의 경향도 확실히 파악하고 매년 조금씩 변화해가는 경향에도 대처하고 있습니다. 또한, 해설에서는 문제의 요점을 명확하게 기재하고 있으므로 자신이 부족하다고 느끼는 지식이나 틀리기 쉬운 분야를 파악하기 쉽게 되어 있습니다.

학습에 있어서는 마크시트 출제형식에 익숙해지는 것과 더불어 틀린 문제는 반복해서 풀어보십시오. 단순히 암기하는 것만이 아니라 "왜 이러한 답이 되는가?", 해설을 참고하여 해답의 의미까지 확실하게 이해하는 것이 좋습니다.

본 책을 다루신 여러분이 실제 시험에서 고득점을 달성하여 목표로 하는 대학으로 진학하는 꿈을 실현할 수 있도록 마음 속 깊이 응원하고 있습니다.

2019년 6월

메코시코주쿠

본 책에 대하여

[본 책의 특징]

1. 실제 시험에 입각한 형식

　본 책에 수록되어 있는 10회분의 실전문제는 지금까지 출제된 과거의 수학 시험을 철저하게 연구하여 실제 시험과 같은 형식, 출제범위로 작성하였습니다. 그러한 이유로 본 책에 수록되어 있는 문제의 대응력을 익힘으로써 실제 시험에서도 당황하지 않고 제대로 해답할 수 있는 능력을 익힐 수 있습니다.

2. 엄선된 출제 포인트

　본 책에 수록된 10회분의 실전문제, 총 100개의 문제는 과거 수학과목 코스1과 코스2의 시험 경향을 기초로 분야마다 문제 수나 출제 포인트가 설정되어 있습니다. 미분·적분이나 경우의 수·확률과 같은 매우 빈번한 출제 포인트는 물론이고 이후 수년간 출제가 예상되는 출제범위에 포함되어 있는 문제나 최근 등장한 새로운 형식과 항목의 문제까지 일본유학시험 수학과목의 출제형식에 맞춘 형태로 수록하고 있습니다. 본 책에 수록된 문제를 푸는 것을 통해 좋은 결과를 얻을 수 있게 되기를 바랍니다.

3. 풍부한 복습 포인트

　본 책의 문제를 해답한 후에는 책의 끝부분에 있는 해답을 활용해 봅시다. 자신이 풀지 못했던 문제뿐만이 아니라, 그것을 바탕으로 더욱 지식을 쌓을 수가 있고 폭 넓은 출제 포인트에 대비할 수 있습니다.

[본 책의 사용법]

수학에서 지정되고 있는 출제 범위의 학습이 끝났다면 우선은 실제 시험과 완전히 같은 제한시간으로 본 책의 실전문제를 풀어봅시다. 각 회의 실전문제의 표지 오른쪽 아래에 있는 QR코드로 Web페이지에 접속하면 해답용지가 표시됩니다.

문제를 다 풀었다면 정답과 더불어 득점과 득점분포를 확인해 봅시다. 자신의 득점을 다른 수험생의 득점과 비교하는 것이 가능합니다. 자신의 학습 진척상황을 인식하기 위해 활용해 주십시오. 또한, 득점분포에 관해서는 일본유학시험과 마찬가지로 항목반응 이론을 사용한 득점등화를 실시하고 있으므로 실제 시험에 가까운 결과를 얻을 수 있습니다. 책의 끝부분에 있는 실제 시험과 같은 형식의 마크시트 해답용지가 있으므로 이용해 보십시오.

득점을 확인했다면 자신의 득점에 일희일비하지 마시고 Web에서나 책의 끝부분에 있는 해답·해설을 이용하여 해답할 수 없었던 문제는 어째서 해답할 수 없었는지, 해답할 때 어떤 지식이 필요했는지를 확인해 보십시오. 추가로 정답인 부분에 대해서도 해답·해설에 관련된 항목 등이 기재되어 있으므로 자신의 지식을 쌓기 위해 확실하게 복습합시다. 그리고 여러 번 문제를 푸는 과정에서 자신의 강점인 분야, 약점인 분야를 파악하여 학습시간 배분을 정하는 것에 도움이 될 것입니다.

본 책은 단순히 실전문제를 해답하고 끝나는 것이 아닙니다. 그 결과를 돌아보고 더 나아가서 지식을 쌓음으로써 진정한 가치를 얻을 수 있습니다.

본 책의 문제를 여러 번 풀어 수학에 대한 대책에 만전을 기하시는 여러분은 실제 시험에서도 반드시 좋은 결과를 낼 수 있을 것입니다!

그럼, 힘내봅시다!

●STEP 1

먼저 각 회의 실전문제 표지 오른쪽 아래에 있는 QR코드를 스마트폰으로 읽어 냅니다.

●STEP 2

읽히게 되면 해답용지가 표시됩니다. 정답이라고 생각하는 번호를 클릭하여 진행해봅시다. 마지막까지 다 풀었다면 화면 아래에 있는 「제출과 정답표」 버튼을 누릅니다.

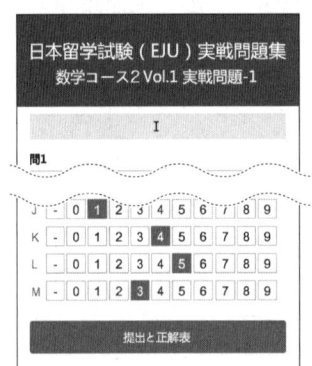

●STEP 3

정답표가 표시됩니다. 틀린 문제는 정답번호가 빨갛게 표시되므로 확실히 복습합시다. 「해설」 버튼을 누르면 해설을 확인할 수 있습니다. 또한, 화면 아래쪽의 「득점분포를 본다」 라는 버튼을 누르면 자신의 득점과 전체 수험자 중에서 자신의 위치를 확인할 수 있습니다.

※ 확인하기 위해서는 등록과 로그인이 필요합니다. (→조작방법은 STEP4에서 확인하실 수 있습니다.)

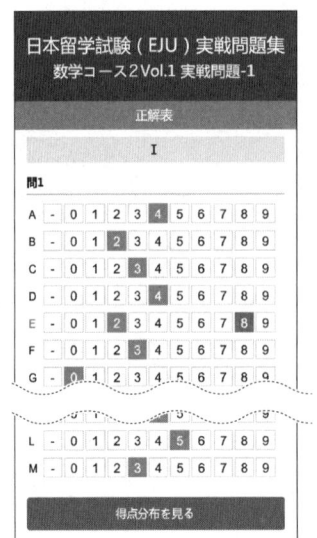

●STEP 4

「득점분포를 본다」 라는 버튼을 누르면 등록화면이 표시됩니다. 필수항목을 모두 기입하고 「등록」 버튼을 눌러주십시오.

●STEP 5

자신의 득점 및 득점분포가 표시됩니다.

※ 실전문제는 몇 번이든지 수험할 수 있습니다만 득점과 득점분포의 산출은 1인당 1회만 가능합니다.

※일본유학시험과 거의 동일하게 항목반응이론에 의한 득점등화를 실시하고 있습니다.

※ 수험자수가 증가함에 따라서 득점기준이 변화하는 점을 양해바랍니다.

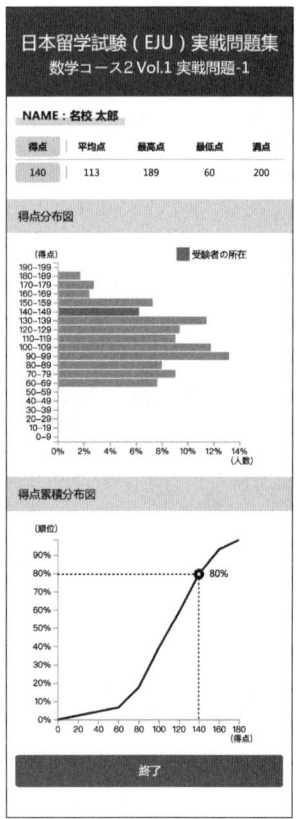

일본유학시험(EJU) 실전문제집
수학코스2 Vol.1

CONTENTS

実戦問題

解答時間 80分

I

問1　a, b を定数とし，x の2次関数

$$f(x) = x^2 - 2ax + b$$

のグラフを F とする。グラフを2点 $(0, 3)$ と $(1, k)$ を通るとすると，

$$a = \frac{\boxed{\text{A}} - k}{\boxed{\text{B}}}, b = \boxed{\text{C}}$$

を得る。グラフ F は x 軸と A, B 2点で交わるような k の値の範囲は

$$k < \boxed{\text{D}} - \boxed{\text{E}} \sqrt{\boxed{\text{F}}} \quad \text{または} \quad k > \boxed{\text{D}} + \boxed{\text{E}} \sqrt{\boxed{\text{F}}}$$

である。また，線分 AB の長さは2以上となるような k の値の範囲は

$$k \leq \boxed{\text{G}} \quad \text{または} \quad k \geq \boxed{\text{H}}$$

である。

注）2次関数：Quadratic Function

－ 計算欄 (memo) －

問2　P 最初に原点 $(0,0)$ にいて，さいころを投げるごとに，次の3つの規則に従って移動するものとする。

　ⅰ）　$(0,0)$ にいるとき，さいころの2以下の目が出たら $(1,0)$ に移動し，それ外の数の目が出たら $(0,0)$ に留まる。

　ⅱ）　$(1,0)$ にいるとき，さいころの奇数の目が出たら $(0,0)$ に，偶数の目が出たら $(1,1)$ に移動する。

　ⅲ）　$(1,1)$ に着いたら，ゲームが終わる。

　4回以内にさいころを投げて移動した後に $(1,1)$ にいる確率を求めよう。

(1)　2回でさいころを投げて移動した後に $(1,1)$ にいる確率は $\dfrac{\boxed{\text{I}}}{\boxed{\text{J}}}$ である。

(2)　3回でさいころを投げて移動した後に $(0,0)$ にいる確率は $\dfrac{\boxed{\text{KL}}}{\boxed{\text{MN}}}$ である。

(3)　4回でさいころを投げて移動した後に $(1,1)$ にいる確率は $\dfrac{\boxed{\text{OP}}}{\boxed{\text{QRS}}}$ である。

注）　さいころ：Dice

- 計算欄 (memo) -

Ⅰ の問題はこれで終わりです。Ⅰ の解答欄 **T** ～ **Z** はマークしないでください。

四面体 OABC において，OA = OB = BC，OC = CA = AB である。$\overrightarrow{OA} = \vec{a}$，$\overrightarrow{OB} = \vec{b}$，$\overrightarrow{OC} = \vec{c}$ とおき，$\vec{a} \cdot \vec{b} = \frac{1}{2}$，$\vec{b} \cdot \vec{c} = \frac{3}{2}$，$|\vec{a} - \vec{b}| = \sqrt{3}$ である。

(1) $\vec{a} \cdot \vec{b} = \frac{1}{2}$，$\vec{b} \cdot \vec{c} = \frac{3}{2}$，$|\vec{a} - \vec{b}| = \sqrt{3}$ によると，OA $= \sqrt{\boxed{A}}$，OC $= \sqrt{\boxed{B}}$，$\vec{a} \cdot \vec{c} = \boxed{C}$ が分かる。

(2) いま，頂点 C から面 OAB に垂線を引いて，面 OAB の交点を D とする。点 D は面 OAB にあるから，$\overrightarrow{CD} = s\overrightarrow{CO} + t\overrightarrow{CA} + u\overrightarrow{CB}$ とおくと，

$$s + t + u = \boxed{D}$$

である。ここで，$\overrightarrow{CD}$ は $\vec{a}, \vec{b}, \vec{c}$ を用いて表せるから，

$$\overrightarrow{CD} = \frac{\boxed{E}}{\boxed{F}}\vec{a} + \frac{\boxed{G}}{\boxed{H}}\vec{b} - \vec{c}$$

であり，線分 CD の長さは $\sqrt{\dfrac{\boxed{IJ}}{\boxed{K}}}$ である。従って，四面体 OABC の体積は $\dfrac{\boxed{L}}{\boxed{MN}}$ である。

注）四面体：Tetrahedron，垂線：Perpendicular

- 計算欄 (memo) -

問1　複素数 z の方程式

$$z^4 = 2 + 2\sqrt{3}\,i \quad \cdots\cdots \quad ①$$

の解について考える。

$z = r(\cos\theta + i\sin\theta)$ とおき，$z^4 = r^{\boxed{A}}\left(\cos\boxed{B}\,\theta + i\sin\boxed{B}\,\theta\right)$

であるから，① を満たす r, $\theta\,(r>0, 0\leqq\theta<2\pi)$ を求めると，

$$r = \sqrt{\boxed{C}}$$

$$\theta = \frac{\boxed{D}}{\boxed{EF}}\pi,\ \frac{\boxed{G}}{\boxed{EF}}\pi,\ \frac{\boxed{HI}}{\boxed{EF}}\pi,\ \frac{\boxed{JK}}{\boxed{EF}}\pi$$

を得る。ただし，$\boxed{D} < \boxed{G} < \boxed{HI} < \boxed{JK}$ とする。

複素数 ω の方程式

$$\omega^4 = t^4(2 + 2\sqrt{3}\,i) \quad \cdots\cdots \quad ②$$

の解について考える。ただし，t は実数であり，$0 \leqq t \leqq 2$ を満たす。

　ω の解は $\boxed{L}$ 個があり，それらは t と共に変わる。いま，① と ② の解を1つずつ取り出し，複素数平面上で2つの解の距離 d を考える。このとき，d の最大値は $\boxed{M}\sqrt{\boxed{N}}$ である。

注）複素数：Complex Number

– 計算欄 (memo) –

問2　次の文中の　$\boxed{\text{Q}}$　と　$\boxed{\text{R}}$　には下の選択肢 $\textcircled{0}$ 〜 $\textcircled{1}$ の中適するものを選びなさい。

a, b は定数で，$a > 0$ とする。関数 $f(x) = \dfrac{x - b}{x^2 + a}$ の最大値が $\dfrac{1}{4}$ であり，最小値が $-\dfrac{1}{6}$ であるとき，a, b の値を求めよう。

まず $f'(x)$ を調べる。

$$f'(x) = -\frac{x^2 - \boxed{\text{O}}\,bx - a}{(x^2 + a)^2}$$

である。

$f(x)$ が最大値と最小値共に持っているから，$f'(x) = 0$ は異なる 2 つの実数解 $x_1, x_2 (x_1 < x_2)$ をもつ。解と係数の関係によって，$x_1 x_2 = -a$，$x_1 + x_2 = \boxed{\text{P}}\,b$ である。$f(x)$ の最大値が $\dfrac{1}{4}$，最小値が $-\dfrac{1}{6}$ により，$f(x_1) = \boxed{\text{Q}}$，$f(x_2) = \boxed{\text{R}}$ である。

$\qquad\qquad \textcircled{0}$　最小値　$\qquad\qquad \textcircled{1}$　最大値

したがって，$x_1 = \boxed{\text{ST}}$，$x_2 = \boxed{\text{U}}$，$a = \boxed{\text{V}}$，$b = \dfrac{\boxed{\text{WX}}}{\boxed{\text{Y}}}$ である。

－ 計算欄 (memo) －

$\boxed{\text{IV}}$

次の文中の　$\boxed{\textbf{G}}$　には，適する数を入れ，他の空欄には下の選択肢　⓪　～　⑨　の中適するものを選びなさい。

次の定義される数列 $\{I_n\}$ を考える。

$$I_n = 2n \int_0^{\frac{\pi}{2}} x \sin x \cos^{2n-1} x\, dx \qquad (n = 1, 2, 3, \cdots\cdots)$$

数列 $\{I_n\}$ の一般項を求めよう。

(1)　まず，$\displaystyle\int_0^{\frac{\pi}{2}} \cos^n x\, dx$ を考える。ここで $t = \dfrac{\pi}{2} - x$ とおくと，次の式

$$\int_0^{\frac{\pi}{2}} \cos^n x\, dx = -\int_{\frac{\pi}{\boxed{\textbf{B}}}}^{\boxed{\textbf{A}}} \cos^n \left(\frac{\pi}{2} - t\right) dt$$

が得られるため，$\displaystyle\int_0^{\frac{\pi}{2}} \cos^n x\, dx = \int_{\boxed{\textbf{D}}}^{\frac{\boxed{\textbf{C}}}{\pi}} \sin^{\boxed{\textbf{E}}} x\, dx$ が成り立つ。

(2)　数列 $\{I_n\}$ が積分法によると次の式に変形できる。

$$I_n = \int_0^{\frac{\pi}{2}} \sin^{\boxed{\textbf{F}}} x\, dx \qquad (n = 1, 2, 3, \cdots)$$

したがって，$I_1 = \dfrac{\pi}{\boxed{\textbf{G}}}$ であり，数列 $\{I_n\}$ が次の漸化式を満たす。

$$I_n = \frac{\boxed{\textbf{H}}}{\boxed{\textbf{I}}} I_{n-1} \quad (n = 2, 3, 4, \cdots)$$

ここで，数列 $\{I_n\}$ 一般項が求められる。

⓪　0　　　　　①　1　　　　　②　2　　　　　③　$n-1$

④　n　　　　　⑤　$n+1$　　　　⑥　$2n$　　　　⑦　$2n+1$

⑧　$2n-1$　　　⑨　$2n-2$

注）数列：Number Sequence, 漸化式：Recurrence Formula

- 計算欄 (memo) -

実戦問題

解答時間 80分

Ⅰ

問1　$-1 \leqq x \leqq 2$ の範囲において，x の 2 次関数

$$f(x) = ax^2 - 2ax + a + b$$

の最大値が 3 で，最小値が -5 であるとき，a と b の値を求めよう。

$$f(x) = a(x - \boxed{\text{A}})^2 + b$$

より，

(1)　$a > 0$ のとき，

$$\begin{cases} \boxed{\text{B}}\,a + b = \boxed{\text{C}} \\ b = \boxed{\text{DE}} \\ a = \boxed{\text{F}} \end{cases}$$

である。

(2)　$a < 0$ のとき，

$$\begin{cases} \boxed{\text{G}}\,a + b = \boxed{\text{HI}} \\ b = \boxed{\text{J}} \\ a = \boxed{\text{KL}} \end{cases}$$

である。

注）2 次関数：Quadratic Function

- **計算欄** (memo) -

問 2

(1)　次の　$\boxed{\text{M}}$ ～ $\boxed{\text{O}}$ には，下の　⓪　～　③　の中から適するものを選びなさい。

 i)　$ab > 0$ は，$a^2 + b^2 > 0$ が成立するための　$\boxed{\text{M}}$。

 ii)　$|a| < 1$ かつ $|b| < 1$ は $a^2 + b^2 < 1$ が成立するための　$\boxed{\text{N}}$。

 iii)　$a \geqq 0$ は $\sqrt{a^2} = a$ が成立するための　$\boxed{\text{O}}$。

⓪　必要十分条件である

①　必要条件であるが，十分条件ではない

②　十分条件であるが，必要条件ではない

③　必要条件でも十分条件でもない

(2)　A, B, C の要素の個数がどれも 10 であるとき，$A \cap B \cap C = \varnothing$ であり，$A \cap B$，$B \cap C, C \cap A$ は $\varnothing$ ではなく，かつこれらの要素の個数は等しい。ただし，$\varnothing$ は空集合である。このとき，$A \cup B \cup C$ の要素の個数が多くとも　$\boxed{\text{PQ}}$ であり，少なくとも　$\boxed{\text{RS}}$ である。

- **計算欄**(memo) -

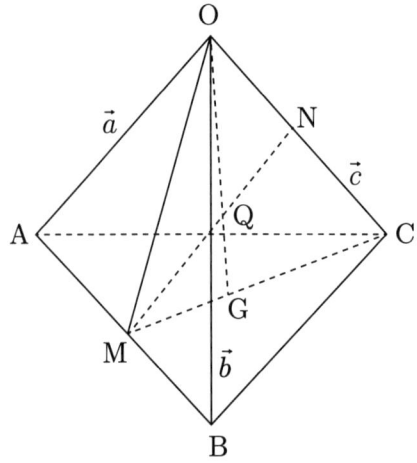

問1　四面体 OABC の辺 AB，OC の中点を，それぞれ M，N とし，三角形 ABC の重心を G とする。3 つのベクトル $\overrightarrow{OA}$, $\overrightarrow{OB}$, $\overrightarrow{OC}$ を $\overrightarrow{OA} = \vec{a}$, $\overrightarrow{OB} = \vec{b}$, $\overrightarrow{OC} = \vec{c}$ とする。

(1)　条件より，

$$\overrightarrow{OG} = \frac{1}{\boxed{A}}(\vec{a} + \vec{b} + \vec{c})$$

$$\overrightarrow{MN} = \overrightarrow{ON} - \overrightarrow{OM} = \frac{1}{\boxed{B}}(-\vec{a} - \vec{b} + \vec{c})$$

である。

(2)　三角形 OMC において，2 つの線分 OG，MN の交点を Q とすると，$\overrightarrow{OQ} = s\overrightarrow{OG}(0 < s < 1)$ とおける。また，$\overrightarrow{MQ} = t\overrightarrow{MN}(0 < t < 1)$ とおける。

$$\overrightarrow{OQ} = \frac{1}{\boxed{C}}(\boxed{D} - t)\vec{a} + \frac{1}{\boxed{C}}(\boxed{E} - t)\vec{b} + \frac{t}{\boxed{C}}\vec{c}$$

であるから，$\overrightarrow{OQ} = s\overrightarrow{OG}$ より，

$$s = \frac{\boxed{F}}{\boxed{G}} \qquad t = \frac{\boxed{H}}{\boxed{I}}$$

を得る。ゆえに，

$$\overrightarrow{OQ} = \frac{1}{\boxed{J}}(\vec{a} + \vec{b} + \vec{c})$$

である。

- 計算欄 (memo) -

問2　$z \neq 0$ とする。複素数平面上での点 z と点 z^5 が原点 O に関して対称の位置にあるとき，z を求めよう。

　条件より，

$$z^5 = -z$$
$$z^4 = -1$$

がわかる。また，

$$z = r(\cos\theta + i\sin\theta)\,(r > 0,\ 0 \leqq \theta < 2\pi)$$

とすると，このとき，

$$z^4 = r^{\boxed{K}}\left(\cos\boxed{\text{ L }}\theta + i\sin\boxed{\text{ L }}\theta\right)$$

である。これが -1 となるような，r と θ の値を求めると，

$$r = \boxed{\text{ M }}$$

$$\theta = \frac{\boxed{\text{ N }}}{\boxed{\text{ O }}}\pi,\ \frac{\boxed{\text{ P }}}{\boxed{\text{ O }}}\pi,\ \frac{\boxed{\text{ Q }}}{\boxed{\text{ O }}}\pi,\ \frac{\boxed{\text{ R }}}{\boxed{\text{ O }}}\pi$$

$$z = \pm\left(\frac{1}{\sqrt{\boxed{\text{ S }}}} + \frac{1}{\sqrt{\boxed{\text{ T }}}}i\right),\ \pm\left(\frac{1}{\sqrt{\boxed{\text{ U }}}} - \frac{1}{\sqrt{\boxed{\text{ V }}}}i\right)$$

である。ただし，$\boxed{\text{ N }} < \boxed{\text{ P }} < \boxed{\text{ Q }} < \boxed{\text{ R }}$ とする。

注）複素数：Complex Number

– **計算欄**(memo) –

Ⅱ の問題はこれで終わりです。 Ⅱ の解答欄 **W** 〜 **Z** はマークしないでください。

$\boxed{\text{III}}$

関数 $f_1(x),\, f_2(x),\, f_3(x),\, \cdots,\, f_n(x),\, \cdots,$ を次のように定める。

$$f_1(x) = (x^2 - 10x + 30)e^x$$

$$f_{n+1}(x) = f_n'(x) \,(n = 1,\, 2,\, 3,\, \cdots)$$

$f_n(x) = (x^2 + a_n x + b_n)e^x$ と表すように，数列 $\{a_n\}$, $\{b_n\}$ を定義する。

$$f_{n+1}(x) = f_n'(x) = \left\{ x^2 + \left(a_n + \boxed{\textbf{A}} \right)x + a_n + b_n \right\}e^x$$

$$a_n = \boxed{\textbf{B}}\, n - \boxed{\textbf{CD}}$$

$$b_n = n^2 - \boxed{\textbf{EF}}\, n + \boxed{\textbf{GH}}$$

を得る。次に，曲線 $y = f_n(x)$ が2つの変曲点をもつような n をすべて求めよう。

$$f_n''(x) = \left\{ x^2 + \left(a_n + \boxed{\textbf{I}} \right)x + \boxed{\textbf{J}}\, a_n + b_n + \boxed{\textbf{K}} \right\}e^x$$

であるから，2次方程式

$$x^2 + \left(a_n + \boxed{\textbf{I}} \right)x + \boxed{\textbf{J}}\, a_n + b_n + \boxed{\textbf{K}} = 0$$

の判別式は

$$D = a_n^2 - \boxed{\textbf{L}}\, b_n + \boxed{\textbf{M}}$$

である。2つの変曲点をもつから，

$$D > 0$$

となり，したがって，

$$n > \boxed{\textbf{N}}$$

である。求める n は $n \geqq \boxed{\textbf{O}}$ であるすべての整数である。

注）数列：Number Sequence

– 計算欄 (memo) –

Ⅳ

放物線 $y = x^2 - 2x$ と直線 $y = -x + 2$ で囲まれた部分を，x 軸の周りに 1 回転してできた立体の体積を V とすると，x 軸の下側の部分を x 軸に関して対称に折り返した図形を合わせて考える必要があるから，V を 3 つの部分に分けられる。

$$V_1 = \pi \int_{\boxed{AB}}^{\boxed{C}} \left(-x^4 + \boxed{D}\,x^3 - \boxed{E}\,x^2 - \boxed{F}\,x + \boxed{G} \right) dx = \frac{\boxed{HI}}{\boxed{J}}\,\pi$$

$$V_2 = \pi \int_{\boxed{C}}^{\boxed{K}} \left(x^2 - \boxed{L}\,x + \boxed{M} \right) dx = \frac{\boxed{N}}{\boxed{O}}\,\pi$$

$$V_3 = \pi \int_{\boxed{K}}^{\boxed{P}} \left(x^4 - \boxed{Q}\,x^3 + \boxed{R}\,x^2 \right) dx = \frac{\boxed{S}}{\boxed{TU}}\,\pi$$

である。ただし，$\boxed{AB} < \boxed{C} < \boxed{K} < \boxed{P}$ とする。

したがって，

$$V = \frac{\boxed{VW}}{\boxed{X}}\,\pi$$

である。

注）放物線：Parabola

- 計算欄 (memo) -

実戦問題

解答時間 **80**分

I

問1 a を定数とし，$g(x) = x^2 - 2(3a^2 + 5a)x + 18a^4 + 30a^3 + 49a^2 + 16$ とおく。

2次関数 $y = g(x)$ のグラフの頂点は

$$\left(\boxed{\text{A}} a^2 + \boxed{\text{B}} a, \ \boxed{\text{C}} a^4 + \boxed{\text{DE}} a^2 + \boxed{\text{FG}} \right)$$

である。

a が実数全体を動かすとき，頂点の x 座標の最小値は $\dfrac{\boxed{\text{HIJ}}}{\boxed{\text{KL}}}$ である。

次に，$a^2 = t$ とおくと，頂点の y 座標は $\boxed{\text{M}} t^2 + \boxed{\text{NO}} t + \boxed{\text{PQ}}$ と表せる。したがって，a が実数全体を動かすとき，頂点の y 座標の最小値は $\boxed{\text{RS}}$ である。

注) 2次関数：Quadratic Function，実数：Real Number

－ 計算欄 (memo) －

問 2　実数 x に関する 2 つの条件 p, q を

$$p : x = 1$$
$$q : x^2 = 1$$

とする。また，条件 p, q の否定をそれぞれ $\overline{p}$, $\overline{q}$ で表す。

次の ボックス T，U，V，W に当てはまるものを，下の ⓪ 〜 ③ のうちから一つずつ選びなさい。ただし，同じものを繰り返して選んでもよい。

(1)　q は p であるための ボックス T。

(2)　$\overline{p}$ は q であるための ボックス U。

(3)　(p または $\overline{q}$) は q であるための ボックス V。

(4)　($\overline{p}$ かつ q) は q であるための ボックス W。

⓪　必要十分条件である

①　必要条件であるが，十分条件ではない

②　十分条件であるが，必要条件ではない

③　必要条件でも十分条件でもない

– **計算欄** (memo) –

Ⅰ の問題はこれで終わりです。 Ⅰ の解答欄 **X** 〜 **Z** はマークしないでください。

Ⅱ

問1　a, b を正の定数とし，方程式

$$\log_9 a = \log_{12} b = \log_{16}(a+b) = k \quad \cdots\cdots \quad ①$$

を考える。

方程式 ① により，$a = \boxed{\text{A}}^k$, $b = \boxed{\text{BC}}^k$, $a+b = \boxed{\text{DE}}^k$ となるため，

$$\boxed{\text{A}}^k + \boxed{\text{BC}}^k = \boxed{\text{DE}}^k \quad \cdots\cdots \quad ②$$

である。

方程式 ② により，$\left(\dfrac{\boxed{\text{F}}}{\boxed{\text{GH}}}\right)^k + \left(\dfrac{\boxed{\text{I}}}{\boxed{\text{J}}}\right)^k - 1 = 0$ が導けるため，$x = \left(\dfrac{\boxed{\text{I}}}{\boxed{\text{J}}}\right)^k$

とすると，2次方程式 $x^2 + x - 1 = 0$ より，$x = \dfrac{-\boxed{\text{K}} + \sqrt{\boxed{\text{L}}}}{\boxed{\text{M}}}$ である。

したがって，$\dfrac{a}{a+b} = \dfrac{\boxed{\text{N}} - \sqrt{\boxed{\text{O}}}}{\boxed{\text{P}}}$ である。

－ 計算欄 (memo) －

問2　右図に示すように，三角形 ABC の中に BD = 2CD，D を通る直線が辺 AB，AC と交わる点を E，F とする。ベクトル $\overrightarrow{AB}$ を $\vec{a}$，$\overrightarrow{AC}$ を $\vec{b}$ とする。

（ $\boxed{R}$ から $\boxed{U}$ までの答えは下にある選択肢 ⓪ ～ ⑦ の中に選びなさい）

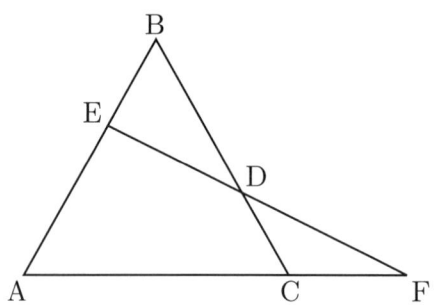

(1)　$\overrightarrow{AB} = m\overrightarrow{AE}$，$\overrightarrow{AC} = n\overrightarrow{AF}$ $(m > 0, n > 0)$ とすると，D, E, F は一直線上にあるため，

$$\overrightarrow{CD} = p_1\overrightarrow{CE} + \left(\boxed{Q} - p_1\right)\overrightarrow{CF}$$

である。

　また，$\overrightarrow{CE} = \overrightarrow{AE} - \overrightarrow{AC}$ により，

$$\overrightarrow{CD} = \boxed{R}\frac{\vec{a}}{m} + \boxed{S}\frac{\vec{b}}{n}$$

である。

同様に，$\overrightarrow{BD} = p_2\overrightarrow{BE} + \left(\boxed{Q} - p_2\right)\overrightarrow{BF}$ により，

$$\overrightarrow{BD} = \boxed{T}\frac{\vec{a}}{m} + \boxed{U}\frac{\vec{b}}{n}$$

である。すると，$\overrightarrow{BD} = -2\overrightarrow{CD}$ により，

$$\boxed{T} = -2\boxed{R}, \quad \boxed{U} = -2\boxed{S}$$

である。したがって，

$$m + \boxed{V}n = \boxed{W}$$

が導ける。

(2)　mn の最大値は $\dfrac{\boxed{X}}{\boxed{Y}}$ である。

⓪　p_1	①　$1 - p_1$	②　$p_1 - n$	③　$1 - p_1 - n$
④　p_2	⑤　$1 - p_2$	⑥　$p_2 - m$	⑦　$1 - p_2 - m$

注) ベクトル：Vector

- 計算欄 (memo) -

III

a, b, c を実数とし，2次方程式 $ax^2 + bx + c = 0$ の2つの解 x_1 と x_2 は虚数であり，$\dfrac{x_1^2}{x_2}$ は実数である。

(1)　$\dfrac{x_1^2}{x_2}$ は実数であるため，$x_1^{\boxed{A}}$ は実数である。ただし，$\boxed{A}$ は x_1^n を実数にする最小の正の整数である。

(2)　$x_1 = r(\cos\theta + i\sin\theta)\,(r > 0,\ 0 \leqq \theta < 2\pi)$ とすると，

$$x_1^{\boxed{A}} = r^{\boxed{B}}\left(\cos\boxed{C}\,\theta + i\sin\boxed{C}\,\theta\right)$$

である。また，$x_1^{\boxed{A}}$ は実数であるため，$\sin\boxed{C}\,\theta = \boxed{D}$ が導ける。
以上により，

$$\theta = \frac{\boxed{E}}{\boxed{F}}\pi,\ \frac{\boxed{G}}{\boxed{F}}\pi,\ \frac{\boxed{H}}{\boxed{F}}\pi,\ \frac{\boxed{I}}{\boxed{F}}\pi$$

（ただし，$\boxed{E} < \boxed{G} < \boxed{H} < \boxed{I}$ とする。）

θ の値により，$\dfrac{x_1}{x_2} = \dfrac{-\boxed{J} \pm \sqrt{\boxed{K}}\,i}{\boxed{L}}$ である。

(3)　$\dfrac{x_1}{x_2} = \dfrac{-\boxed{J} + \sqrt{\boxed{K}}\,i}{\boxed{L}}$ とする。複素数の数列 $a_n = \left(\dfrac{x_1}{x_2}\right)^n$ であり，S_n は数列 $\{a_n\}$ の初項から第 n 項までの和を表すと，S_n の値は

$$\boxed{MN},\ \boxed{O},\ \frac{-\boxed{P} + \sqrt{\boxed{Q}}\,i}{\boxed{R}}$$

いずれかの1つである。

注）虚数：Imaginary Number，実数：Real Number，複素数：Complex Number，
数列：Number Sequence

－ 計算欄 (memo) －

Ⅲ の問題はこれで終わりです。Ⅲ の解答欄　**S**　〜　**Z**　はマークしないでください。

IV

関数 $f(x) = (x+1)e^x$ と $g(x) = x^4 + 1$ を考える。

(1) $f(x)$ と $g(x)$ の導関数 $f'(x) = \left(x + \boxed{\text{A}}\,\right)e^x$, $g'(x) = \boxed{\text{B}}\,x^{\boxed{\text{C}}}$ である。
また，$M(1, f(1))$ における $f(x)$ の接線の方程式は $f_1(x) = e\left(\boxed{\text{D}}\,x - \boxed{\text{E}}\,\right)$ である。

(2) $F(x) = f(x) - f_1(x)$ とすると，

$$F'(x) = \left(x + \boxed{\text{F}}\,\right)e^x - \boxed{\text{G}}\,e$$

$F'(x) = 0$ の解は $x = \boxed{\text{H}}$ であるため，$F(x)$ の最小値は $F(\boxed{\text{H}})$ である。
ゆえに，

$$F(x) \geqq F(\boxed{\text{H}}) = \boxed{\text{I}}$$

である。
また，$N(-1, g(-1))$ における $g(x)$ の接線の方程式は

$$g_1(x) = -\boxed{\text{J}}\,x - \boxed{\text{K}}$$

である。
同様に，$G(x) = g(x) - g_1(x) \geqq \boxed{\text{L}}$ が分かる。

(3) m を定数とし，$f(x) = m$ の解を x_1，$g(x) = m$ の負の解を x_2 とすると，
(2)の結論により，$x_1 - x_2 < \dfrac{\boxed{\text{M}}}{\boxed{\text{N}}} + \dfrac{\boxed{\text{O}}\,e + \boxed{\text{P}}}{\boxed{\text{QR}}\,e}\,m$ が得られる。

(4) $g(x)$ と $y = 17$ で囲まれる面積は $S = \dfrac{\boxed{\text{STU}}}{\boxed{\text{V}}}$ である。

注）接線：Tangent

- 計算欄 (memo) -

Ⅳ の問題はこれで終わりです。Ⅳ の解答欄 **W** ～ **Z** はマークしないでください。

コース 2 の問題はこれですべて終わりです。解答用紙の Ⅴ はマークしないでください。

解答用紙の解答コース欄に「コース 2」が正しくマークしてあるか，

もう一度確かめてください。

この問題冊子を持ち帰ることはできません。

第**4**回

実戦問題

解答時間 80 分

I

問 1　2 次関数

$$y = f(x) = bx^2 + 2bx + b^2 \, (b \neq 0)$$

を考える。$f(x)$ の頂点 (x_0, y_0) とすると，

$$x_0 = \boxed{\text{AB}}$$
$$y_0 = b\bigl(b - \boxed{\text{C}}\,\bigr)$$

を得る。

(1)　$b > 0$ のとき，

$$y_0 \geqq \frac{\boxed{\text{DE}}}{\boxed{\text{F}}}$$

である。

(2)　$b < 0$ のとき，

$$y_0 > \boxed{\text{G}}$$

である。

(3)　次に $f(x) = 0$ とすると，x は異なる 2 つの解をもつなら，

$$b < \boxed{\text{H}}$$

であり，
特に $b = \dfrac{1}{2}$ のとき，

$$x = \boxed{\text{IJ}} \pm \sqrt{\frac{\boxed{\text{K}}}{\boxed{\text{L}}}}$$

である。

注）2 次関数：Quadratic Function

– 計算欄 (memo) –

問2　3つの数えでできた数字ボックスを (A, B, C) で表す。ただし，$2 \leqq A \leqq 5$, $1 \leqq B \leqq 4$, $3 \leqq C \leqq 6$, A, B, C は整数である。(A, B, C) は $\boxed{\text{MN}}$ 通りある。

以下の各事象の確率を求めよう。

$$P_{(A=B=C)} = \frac{\boxed{\text{O}}}{\boxed{\text{PQ}}}$$

$$P_{(A+B+C<7)} = \frac{\boxed{\text{R}}}{\boxed{\text{ST}}}$$

$$P_{(A+B+C>7)} = \frac{\boxed{\text{UV}}}{\boxed{\text{WX}}}$$

注）確率：Probability

– 計算欄 (memo) –

$\boxed{\text{I}}$ の問題はこれで終わりです。$\boxed{\text{I}}$ の解答欄 $\boxed{\textbf{Y}}$ ～ $\boxed{\textbf{Z}}$ はマークしないでください。

右の図のように，二次元平面の座標 $(3, 2)$ の位置に C を中心とする単位円がある。B は円上の動点で，H は C から引いた x 軸への垂直線の垂足である。

∠BCH $= \theta$ とする $(0 \leqq \theta \leqq \pi)$

$$|\overrightarrow{OH}| = \boxed{\text{A}}, \qquad |\overrightarrow{HC}| = \boxed{\text{B}}$$

である。

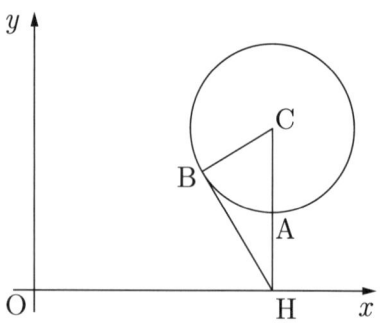

(1) $\theta = \dfrac{\pi}{6}$ のとき，

$$\overrightarrow{OB} = \left(\dfrac{\boxed{\text{C}}}{\boxed{\text{D}}}, \boxed{\text{E}} - \dfrac{\sqrt{\boxed{\text{F}}}}{\boxed{\text{G}}} \right)$$

である。

(2) θ は動いているとき，

$$\overrightarrow{CB} = (\boxed{\text{H}} \sin\theta, \boxed{\text{I}} \cos\theta)$$
$$\overrightarrow{OB} = (\boxed{\text{J}}, \boxed{\text{K}}) + \overrightarrow{CB}$$
$$\overrightarrow{HB} = \overrightarrow{OB} - (\boxed{\text{L}}, \boxed{\text{M}})$$

を得る。ここで $k = |\overrightarrow{HB} \cdot \overrightarrow{BC}| = |\boxed{\text{N}} \cos\theta - \boxed{\text{O}}|$ とすると，

k の最小値は $\boxed{\text{P}}$ である。このとき，$\theta = \dfrac{\boxed{\text{Q}}}{\boxed{\text{R}}} \pi$ である。

k の最大値は $\boxed{\text{S}}$ である。

(3) 三角形 HBC の面積は $\theta = \dfrac{\boxed{\text{T}}}{\boxed{\text{U}}} \pi$ で最大値 $\boxed{\text{V}}$ をとる。

注）垂足：Foot−Drop

– 計算欄 (memo) –

III

数列 $\{a_n\}$ について，$\boxed{\text{A}} \sim \boxed{\text{I}}$ はこのページの一番下の $\ominus \sim \text{⑨}$ の中からを選択しなさい。

$$\log_2 3 = \log_{a_{n+1}} a_{n+2} - \log_{a_n} a_{n+1}, \ a_1 = 2, \ a_2 = 3$$

この数列の一般項 a_n を求めよう。

$b_n = \log_{a_n} a_{n+1}$ とすると，

$$b_{n+1} - b_n = \log_2 3, \ b_1 = \log_{\boxed{\text{A}}} \boxed{\text{B}}$$

である。したがって，

$$b_n = \left(\log_{\boxed{\text{C}}} \boxed{\text{D}} \right) \cdot n$$

である。以下 $k = \log_{\boxed{\text{C}}} \boxed{\text{D}}$ とすると，

$$\log_{a_n} a_{n+1} = kn$$

と書ける。$c_n = \log_e a_n$ とおくと，

$$\frac{c_{\boxed{\text{E}}}}{c_{\boxed{\text{F}}}} = kn, \quad c_1 = \log_e \boxed{\text{G}}$$

を得る。

$c_{\boxed{\text{E}}} = kn \cdot c_{\boxed{\text{F}}} = kn \cdot (k(n-1) c_{\boxed{\text{F}} - 1}) = \cdots$ より

$$c_n = k^{\boxed{\text{H}}} \left(\boxed{\text{I}} \right)! c_1$$

であり，

$$a_n = e^{k^{\boxed{\text{H}}} (\boxed{\text{I}})! c_1}$$

である。

$\ominus$　$-$	⓪　0	①　1	②　2
③　3	④　4	⑤　5	⑥　$n-1$
⑦　n	⑧　$n+1$	⑨　n^2	

注）数列：Number Sequence

- 計算欄 *(memo)* -

Ⅲ の問題はこれで終わりです。Ⅲ の解答欄　**J**　〜　**Z**　はマークしないでください。

#

問1　次の　$\boxed{\text{I}}$, $\boxed{\text{K}}$, $\boxed{\text{M}}$ には，下の ⓪ 〜 ③ の中から適するものを選びなさい。

$-\dfrac{\pi}{2} \leqq x \leqq \dfrac{\pi}{2}$ における $f(x) = 2\cos x + \dfrac{\sqrt{2}}{2}x^2$ の最大値と最小値を求めよう。

まず，$f'(x)$ と $f''(x)$ を求めると，

$$f'(x) = \boxed{\text{AB}}\ \sin x + \sqrt{\boxed{\text{C}}}\ x$$
$$f''(x) = \boxed{\text{AB}}\ \cos x + \sqrt{\boxed{\text{C}}}$$

を得る。

また，$f(x)$ は偶関数であるから，$\boxed{\text{D}} \leqq x \leqq \dfrac{\pi}{\boxed{\text{E}}}$ のときを考えると十分である。

$f'(0) = \boxed{\text{F}}$ であり，$f'\left(\dfrac{\pi}{2}\right) = \boxed{\text{GH}} + \dfrac{\sqrt{\boxed{\text{C}}}}{2}\pi\ \boxed{\text{I}}\ 0$ である。

$f''(x) = 0$ となるのは，$x = \dfrac{\pi}{\boxed{\text{J}}}$ のときである。

よって，$\boxed{\text{D}} < x < \dfrac{\pi}{\boxed{\text{E}}}$ において，$f'(x) = 0$ となる x がただ1つ存在するから，その値を k とすると，$f(k)$ は $\boxed{\text{K}}$ であり，$x = \boxed{\text{L}}$ のとき，$f(\boxed{\text{L}})$ は $\boxed{\text{M}}$ である。

⓪　$>$　　　　　①　$<$　　　　　②　最大値　　　③　最小値

注）偶関数：Even Function

- 計算欄 (memo) -

問2　2つの関数

$$y = f(x) = -x^2 + \frac{7}{4} - t^2$$
$$y = g(x) = x$$

で囲まれた面積を求めよう。

$x = -x^2 + \frac{7}{4} - t^2$ より，2つの関数の交点の x 座標は

$$x = \frac{\boxed{\text{NO}}}{\boxed{\text{P}}} \pm \sqrt{\boxed{\text{Q}} - t^2} \quad (\alpha, \beta \text{ を対応させ，} \alpha \leqq \beta \text{ とする})$$

が求められる。したがって，面積は

$$S(t) = \int_{\alpha}^{\beta} -x^2 - x + \frac{7}{4} - t^2 \, dx$$
$$= \frac{\boxed{\text{R}}}{\boxed{\text{S}}} (\boxed{\text{T}} - t^2)^{\frac{\boxed{\text{U}}}{\boxed{\text{V}}}}$$

である。

- 計算欄 (memo) -

実戦問題

解答時間 **80**分

I

問1　2次関数

$$y_1 = x^2 - x - 2$$
$$y_2 = x^2 - (b+a)x + ab$$

を考える。（ $\boxed{\text{A}}$ は ⓪ ～ ③ の中から一つを選びなさい）

(1)

$$\mathrm{P}: y_1 > 0 を満たす x の範囲$$
$$\mathrm{Q}: y_2 > 0 を満たす x の範囲$$

$b = -3$ のとき，P は Q の必要条件であるが，十分条件ではないとき，a の範囲は $\boxed{\text{A}}$ である。

⓪　$a \geqq 2$　　　①　$a \leqq 2$　　　②　$a > -2$　　　③　$a < -2$

(2)

$$y_1 > 0$$
$$y_2 < 0$$

この2つの条件を同時に満たす x は負の解と正の解をもつが，整数の解をもたないとき，

$$\boxed{\text{BC}} \leqq a < -1$$
$$2 < b \leqq \boxed{\text{D}}$$

である。ただし，ここで $a < b$ とする。

注）2次関数：Quadratic Function

－ 計算欄 (memo) －

問2　1〜5の5つの数を一列に並んでできた5桁の正の整数を考える。

(1)　整数は　$\boxed{\text{EFG}}$　個ある。

(2)　同じ数字を何回も使うことにすれば，整数は　$\boxed{\text{HIJK}}$　個ある。

(3)　同じ数字を2回以下を使うことにすれば，整数は　$\boxed{\text{LMNO}}$　個ある。

- 計算欄 (memo) -

Ⅱ

　xy 平面で原点を中心とし，半径は 2 の円 O をかく。P と Q は円上の点であり，Q は x 軸の正の半部にある。$\angle POQ = \dfrac{2}{3}\pi$, M, N は OP と OQ の中点，右の図のように，ある点 A は $\overparen{PQ}$ に置いていく。OA を結んで，$\angle AOQ = \theta$ とすると，

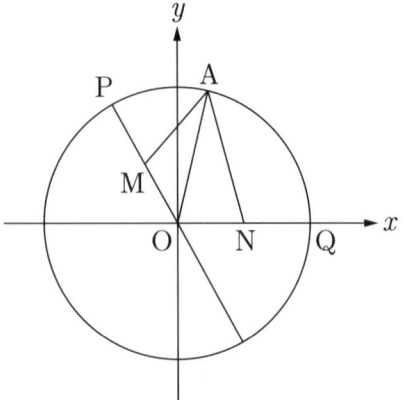

$$A = \left(\boxed{\ \textbf{A}\ }\cos\theta,\ \boxed{\ \textbf{A}\ }\sin\theta\right)\ \left(0 \le \theta \le \dfrac{2}{3}\pi\right)$$

また，

$$M = \left(\dfrac{\boxed{\textbf{BC}}}{\boxed{\textbf{D}}},\ \dfrac{\sqrt{\boxed{\textbf{E}}}}{\boxed{\textbf{F}}}\right)$$

$$N = \left(\boxed{\ \textbf{G}\ },\ \boxed{\ \textbf{H}\ }\right)$$

である。

$$\overrightarrow{AM} \cdot \overrightarrow{AN} = \dfrac{\boxed{\ \textbf{I}\ }}{\boxed{\ \textbf{J}\ }} - \boxed{\ \textbf{K}\ }\sin\left(\theta + \dfrac{\pi}{\boxed{\ \textbf{L}\ }}\right)$$

したがって，$\overrightarrow{AM} \cdot \overrightarrow{AN}$ の値の範囲は

$$\dfrac{\boxed{\ \textbf{M}\ }}{\boxed{\ \textbf{N}\ }} \le \overrightarrow{AM} \cdot \overrightarrow{AN} \le \dfrac{\boxed{\ \textbf{O}\ }}{\boxed{\ \textbf{P}\ }}$$

である。

– 計算欄 (memo) –

Ⅱ の問題はこれで終わりです。Ⅱ の解答欄　**Q**　～　**Z**　はマークしないでください。

正の数列$\{a_n\}$は

$$a_1 = 1$$
$$a_n S_{n+1} - a_{n+1} S_n + a_n - a_{n+1} = \lambda a_n a_{n+1} \quad (\lambda \neq 0,\ n = 1,\ 2,\ 3 \cdots)$$

を満たす。

(1)　$a_1,\ a_2,\ a_3$は等比数列であるとき，

$$a_2 = \frac{\boxed{\text{A}}}{\boxed{\text{B}} + \lambda}$$

$$a_3 = \frac{\boxed{\text{C}}\lambda + \boxed{\text{D}}}{(\lambda + \boxed{\text{E}})(\boxed{\text{F}}\lambda + \boxed{\text{G}})} \quad \text{であって，}$$

$$\lambda = \boxed{\text{H}}$$

を得る。

(2)　$\lambda = \dfrac{1}{2}$の場合，

$$\frac{S_1 + 1}{a_1} = \boxed{\text{I}}$$

また，$\dfrac{S_{n+1} + 1}{a_{n+1}} - \dfrac{S_n + 1}{a_n} = \dfrac{\boxed{\text{J}}}{\boxed{\text{K}}}$

したがって，

$$S_n + 1 = \left(\frac{n}{\boxed{\text{L}}} + \frac{\boxed{\text{M}}}{\boxed{\text{N}}} \right) a_n$$

$n \geqq 2$のとき，$\dfrac{a_n}{n + \boxed{\text{O}}} = \dfrac{a_{n-1}}{n + \boxed{\text{P}}}$であって，

$$a_n = \frac{\boxed{\text{Q}}}{\boxed{\text{R}}}(n + \boxed{\text{S}})$$

である。

注）等比数列：Geometric Progression

- 計算欄 (memo) -

Ⅲ の問題はこれで終わりです。 Ⅲ の解答欄 **T** ～ **Z** はマークしないでください。

問1　a を正の実数として，次の 2 つの関数を定める。

$$C_1 : y = x^2 + 4a^2$$
$$C_2 : y = x^2 - 4x + 4a^2$$

C_1 と C_2 の両方接する直線を l とする。

点 $(t, t^2 + 4a^2)$ における C_1 の接線は C_2 に接するのは，$t = \boxed{\text{AB}}$ のときである。

したがって，直線 l の方程式は

$$y = \boxed{\text{CD}}\, x - \boxed{\text{E}} + \boxed{\text{F}}\, a^2$$

であり，C_2 との接点座標は $\left(\boxed{\text{G}}, \boxed{\text{HI}} + \boxed{\text{J}}\, a^{\boxed{\text{K}}}\right)$ である。

- 計算欄 (memo) -

問2　極方程式 $r = 1 - \cos\theta \, (0 \leqq \theta \leqq \pi)$ で表される曲線の長さを求めよう。

$$x = r\cos\theta, \; y = r\sin\theta \text{ とおき,}$$

曲線の長さは

$$\int_{\boxed{\text{L}}}^{\pi} \left\{ \left(\frac{dx}{d\theta}\right)^{\boxed{\text{M}}} + \left(\frac{dy}{d\theta}\right)^{\boxed{\text{M}}} \right\}^{\frac{\boxed{\text{N}}}{\boxed{\text{O}}}} d\theta = \int_{\boxed{\text{L}}}^{\pi} \sqrt{\boxed{\text{P}} - \boxed{\text{Q}} \cos\theta} \, d\theta = \boxed{\text{R}}$$

である。

注）極方程式 : Polar equation

－ 計算欄 (memo) －

実戦問題

解答時間 80分

I

問1 　A 　〜 　F 　には，下の ⓪ 〜 ⑨ の中から適するものを選びなさい。

次の x についての関数を考える。

$$y = \left| \frac{1}{2}x^2 - 1 \right|$$

P は関数のグラフ上の点であり，点 A を A$(0, a)$，$a > 1$ とおき，$|PA|$ の最小値を求めよう。

(1)　$-\sqrt{\boxed{A}} \leqq x \leqq \sqrt{\boxed{A}}$ のとき，

$$y = 1 - \frac{1}{2}x^2$$

$|PA|$ の最小値は 　B 　である。

(2)　$|x| > \sqrt{\boxed{A}}$ のとき，

$$y = \frac{1}{2}x^2 - 1$$

である。点 P を P(x, y) とおくと，

$$|PA|^2 = x^2 + (y-a)^2 \quad かつ \quad y = \frac{1}{2}x^2 - 1$$

であるから，

$$|PA|^2 = y^2 - 2\boxed{C}y + \boxed{D} + 2, \, y > 0$$

が導かれ，対称軸

$$y = \boxed{C} > 0$$

より

$$|PA|^2_{\min} = \boxed{E}, |PA| = \sqrt{\boxed{E}}$$
$$(a-1)^2 - \boxed{E} = a^2 - \boxed{F}a$$

が得られる。

⓪　0	①　1	②　2	③　3	④　4
⑤　$a-1$	⑥　$a+1$	⑦　a	⑧　$2a+1$	⑨　a^2

注）対称軸：Line Symmetry

－ 計算欄 (memo) －

問2　2つの箱 A, B がある。

箱 A には，次のようなカードが合わせて 4 枚入っている。

「0」の数字が書かれたカードが 1 枚

「1」の数字が書かれたカードが 1 枚

「2」の数字が書かれたカードが 2 枚

箱 B には，次のようなカードが合わせて 7 枚入っている。

「0」の数字が書かれたカードが 3 枚

「1」の数字が書かれたカードが 2 枚

「2」の数字が書かれたカードが 2 枚

箱 A から 1 枚のカードを，B から 2 枚のカードを同時に取り出すことを考え，以下の各事象の確率を求めよう。

(1)　3 枚のカードに書かれた数字がすべて 0 である確率は $\dfrac{\boxed{G}}{\boxed{HI}}$ である。

(2)　3 枚のカードに書かれた数字の積が 4 である確率は $\dfrac{\boxed{J}}{\boxed{KL}}$ である。

(3)　3 枚のカードに書かれた数字の積が 0 である確率は $\dfrac{\boxed{MN}}{\boxed{OP}}$ である。

注）確率：Probability

– 計算欄 (memo) –

Ⅰ の問題はこれで終わりです。Ⅰ の解答欄 **Q** ～ **Z** はマークしないでください。

半径1の外接円を持つ三角形 ABC の外心を O とする。$\overrightarrow{OA} = \vec{a}$, $\overrightarrow{OB} = \vec{b}$, $\overrightarrow{OC} = \vec{c}$ とおく。$2\vec{a} + 3\vec{b} + 3\vec{c} = \vec{0}$ であるとき, AB と BC の長さを求めよう。

$$|\vec{a}| = |\vec{b}| = |\vec{c}| = \boxed{A}$$

であるので, $2\vec{a} + 3\vec{b} + 3\vec{c} = \vec{0}$ に代入すると,

$$\boxed{B}\,|\vec{a}|^2 + \boxed{CD}\,\vec{a} \cdot \vec{b} + \boxed{E}\,|\vec{b}|^2 = \boxed{F}\,|\vec{c}|^2$$

を得る。

したがって,

$$\vec{a} \cdot \vec{b} = \frac{\boxed{GH}}{\boxed{I}}$$

ことがわかる。よって,

$$AB = |\overrightarrow{AB}| = \frac{\boxed{J}\sqrt{\boxed{K}}}{\boxed{L}}$$

である。

また, 同様に,

$$\vec{b} \cdot \vec{c} = \frac{\boxed{MN}}{\boxed{O}}$$

であることにより,

$$BC = |\overrightarrow{BC}| = \frac{\boxed{P}\sqrt{\boxed{Q}}}{\boxed{R}}$$

が得られる。

注) 外接円 : Circumscribed Circle

－ 計算欄（memo）－

Ⅱ の問題はこれで終わりです。Ⅱ の解答欄 S ～ Z はマークしないでください。

Ⅲ

$z_1 = 1 + 3i$, $z_2 = -5 + 5i$ とし，複素数平面において $P(z_1), Q(z_2)$ とする。直線 OQ に関する点 P と対称な点を $R(z_3)$ とおく。z_3 を求めよう。

$\angle POQ = \theta$ とおき，$\theta = \arg\left(\dfrac{z_2}{z_1}\right) = \arg(\boxed{\text{A}} + \boxed{\text{B}}\,i)$ である。

ここで，$\boxed{\text{A}} + \boxed{\text{B}}\,i = \sqrt{\boxed{\text{C}}}\,(\cos\theta + i\sin\theta)$ に変換し，θ の大きさがわかる。よって，

$$\cos 2\theta = \frac{\boxed{\text{DE}}}{\boxed{\text{F}}}, \quad \sin 2\theta = \frac{\boxed{\text{G}}}{\boxed{\text{H}}}$$

がわかる。$P(z_1)$ を O を中心に 2θ 回転すると $R(z_3)$ が得られるから，

$$z_3 = z_1(\cos\theta + i\sin\theta)^{\boxed{\text{I}}} = \boxed{\text{JK}} - i$$

である。

注）複素数：Complex Number

- 計算欄 (memo) -

$\boxed{\text{IV}}$

問1 関数 $f(x)=x^3+ax^2+bx+c$ が $x=m$ で極大値，$x=n$ で極小値をとり，$f(m)-f(n)=4$，$b=a^2-5$ となるとき，a の値を求めよう。

まず，$f'(x)$ を求めると，

$$f'(x)=\boxed{\textbf{A}}\,x^2+\boxed{\textbf{B}}\,ax+b$$

となり，極大値と極小値をともにもつから，判別式は

$$a^2-\boxed{\textbf{C}}\,b>0$$

である。また，

$$m+n=\frac{\boxed{\textbf{DE}}}{\boxed{\textbf{F}}}\,a$$

$$mn=\frac{\boxed{\textbf{G}}}{\boxed{\textbf{H}}}\,b$$

がわかる。

また，$f(m)-f(n)=4$ によって，

$$f(m)-f(n)=\frac{\boxed{\textbf{I}}}{\boxed{\textbf{J}}}\,(n-m)^{\boxed{\textbf{K}}}$$

$$n-m=\boxed{\textbf{L}}$$

したがって，$a=\pm\sqrt{\boxed{\textbf{M}}}$ である。

- 計算欄 (memo) -

問2　定積分

$$I = \int_0^{\frac{\pi}{2}} (\cos\theta)^3 (\sin\theta)^6 d\theta$$

の値を求めよう。

(1)　まず，積分 $J = \int_0^{\frac{\pi}{2}} \cos\theta (\sin\theta)^6 d\theta$ に対して，$\sin\theta = t$ とおくと，

$$J = \int_{\boxed{\text{N}}}^{\boxed{\text{O}}} t^{\boxed{\text{P}}} dt$$

に変更可能であるから，J の値は $\dfrac{\boxed{\text{Q}}}{\boxed{\text{R}}}$ である。

(2)　次の文中の $\boxed{\text{S}}$ には，下の選択肢 ⓪ 〜 ⑤ の中から適するものを選びなさい。

　一般に，自然数 $m, n (n \geqq 2)$ に対して，

$$\int_0^{\frac{\pi}{2}} (\sin\theta)^m (\cos\theta)^n d\theta = \boxed{\text{S}}$$

である。

⓪　$\dfrac{n}{m+n} \int_0^{\frac{\pi}{2}} (\sin\theta)^{m+1} (\cos\theta)^{n-1} d\theta$ 　　① 　$\dfrac{n-1}{m+n} \int_0^{\frac{\pi}{2}} (\sin\theta)^m (\cos\theta)^{n-2} d\theta$

②　$\dfrac{n+1}{m+n} \int_0^{\frac{\pi}{2}} (\sin\theta)^m (\cos\theta)^{n-1} d\theta$ 　　③ 　$-\dfrac{n}{m+n} \int_0^{\frac{\pi}{2}} (\sin\theta)^{m+1} (\cos\theta)^{n-1} d\theta$

④　$-\dfrac{n-1}{m+n} \int_0^{\frac{\pi}{2}} (\sin\theta)^m (\cos\theta)^{n-2} d\theta$ 　　⑤ 　$-\dfrac{n+1}{m+n} \int_0^{\frac{\pi}{2}} (\sin\theta)^m (\cos\theta)^{n-1} d\theta$

(3)　したがって，

$$I = \frac{\boxed{\text{T}}}{\boxed{\text{UV}}}$$

である。

− 計算欄 (memo) −

IV の問題はこれで終わりです。IV の解答欄 **W** ～ **Z** はマークしないでください。

コース2の問題はこれですべて終わりです。解答用紙の V はマークしないでください。

解答用紙の解答コース欄に「コース2」が正しくマークしてあるか，

もう一度確かめてください。

実戦問題

解答時間 **80**分

$\boxed{\text{I}}$

問1 a は定数とする。$a \leqq x \leqq a+2$ における 2 次関数

$$f(x) = x^2 - 10x + a$$

について，最大値と最小値を求めよう。

$f(x)$ のグラフの軸は

$$x = \boxed{\text{A}}$$

であり，区間の中央の値は $a+1$ である。

(1) $a < \boxed{\text{B}}$ のとき，

　　　　最小値は $a^2 - \boxed{\text{C}}\,a - \boxed{\text{DE}}$ であり，
　　　　最大値は $a^2 - \boxed{\text{F}}\,a$ である。

(2) $\boxed{\text{B}} \leqq a < \boxed{\text{G}}$ のとき，

　　　　最大値は $a^2 - \boxed{\text{F}}\,a$ であり，
　　　　最小値は $a - \boxed{\text{HI}}$ である。

(3) $\boxed{\text{G}} \leqq a < \boxed{\text{J}}$ のとき，

　　　　最大値は $a^2 - \boxed{\text{K}}\,a - \boxed{\text{LM}}$ であり，
　　　　最小値は $a - \boxed{\text{HI}}$ である。

(4) $a \geqq \boxed{\text{J}}$ のとき，

　　　　最大値は $a^2 - \boxed{\text{K}}\,a - \boxed{\text{LM}}$ であり，
　　　　最小値は $a^2 - \boxed{\text{N}}\,a$ である。

注）2 次関数：Quadratic Function, 区間：Interval

－ 計算欄 (memo) －

問2　「1」と書いてあるカード3枚，「2」のカード2枚，「3」のカード1枚が入っている袋を3つ用意し，3人にそれぞれ1つだけを配る。3人は，自分の袋からカードを1つのみ取り出すことを考える。

(1)　3人の取り出したカードの数字は同じ場合の確率は $\dfrac{\boxed{O}}{\boxed{P}}$ である。

(2)　3人の取り出したカードの数字は全部異なる場合の確率は $\dfrac{\boxed{Q}}{\boxed{R}}$ である。

(3)　3人の取り出したカードの数字の和が6となる場合の確率は $\dfrac{\boxed{ST}}{\boxed{UV}}$ である。

(4)　3人の取り出したカードの数字の和が7以上となる場合の確率は $\dfrac{\boxed{W}}{\boxed{XY}}$ である。

注）確率：Probability

‒ 計算欄 (memo) ‒

$\boxed{\text{I}}$ の問題はこれで終わりです。$\boxed{\text{I}}$ の解答欄 $\boxed{\text{Z}}$ はマークしないでください。

Ⅱ

　　三角形 ABC において，AB を 1：2 に内分する点を E，AC を 1：1 に内分する点を D とする。直線 BD と CE との交点を P，AP を延長して，BC との交点を Q とする。$\overrightarrow{AB} = \vec{x}$，$\overrightarrow{AC} = \vec{y}$ とおくと，

$$\overrightarrow{EC} = -\frac{1}{\boxed{\text{A}}}\vec{x} + \vec{y}, \quad \overrightarrow{DB} = \vec{x} - \frac{1}{\boxed{\text{B}}}\vec{y}$$

である。

(1)　点 P は直線 BD 上にあるから，実数 s を用いて，$\overrightarrow{DP} = s \cdot \overrightarrow{DB}$ と表される。また，点 P は直線 EC 上にあるから，実数 t を用いて，$\overrightarrow{EP} = t \cdot \overrightarrow{EC}$ と表される。よって，

$$\overrightarrow{AP} = \frac{1}{\boxed{\text{C}}}\left(\boxed{\text{D}} - t\right)\vec{x} + t \cdot \vec{y} = s \cdot \vec{x} + \frac{1}{\boxed{\text{E}}}\left(\boxed{\text{F}} - s\right)\vec{y}$$

と表すことができる。したがって，

$$s = \frac{\boxed{\text{G}}}{\boxed{\text{H}}}, \quad t = \frac{\boxed{\text{I}}}{\boxed{\text{J}}}$$

である。

(2)　AB = 4，AC = 3，AP⊥BC のとき，

$$\cos \angle \text{BAC} = \frac{1}{\boxed{\text{K}}}$$

であり，

$$|\overrightarrow{AP}| : |\overrightarrow{AQ}| = \boxed{\text{L}} : \boxed{\text{M}}$$

である。

- **計算欄** (memo) -

z は $|z|＝1$ を満たす複素数とする。z に関する関数

$$f(z) = 2(z^2 + z^{-2}) + 3(z + z^{-1})$$

を考える。

この関数が極値を調べるために，$z = \cos\theta + i\sin\theta$ とおく。ド・モアブルの定理によると，

$$z^{-2} = \cos \boxed{\text{A}}\,\theta - i\sin \boxed{\text{A}}\,\theta$$

を得る。

また，$z + z^{-1} = \boxed{\text{B}}\cos\theta$ である。$z + z^{-1} = t$ をとく。$f(z)$ を t に関する $f(t)$ に変形できる。ここで，t の取り得る値の範囲は $[\,\boxed{\text{CD}}\,,\,\boxed{\text{E}}\,]$ である。

$$f(t) = \boxed{\text{F}}\,t^2 + \boxed{\text{G}}\,t - \boxed{\text{H}}$$

したがって，$f(z)$ の最大値は $\boxed{\text{IJ}}$ であり，最小値は $-\dfrac{\boxed{\text{KL}}}{\boxed{\text{M}}}$ である。

注）複素数：Complex Number，　ド・モアブルの定理：De Moivre's Theorem

– 計算欄 (memo) –

Ⅲ の問題はこれで終わりです。Ⅲ の解答欄 **N** ～ **Z** はマークしないでください。

IV

問1　a を実数とし，方程式

$$e^{|\sqrt{3}\sin x+\cos x|}=a \qquad (-\pi \leqq x \leqq \pi)$$

の解の個数 N を調べよう。

(1)　$\sqrt{3}\sin x+\cos x = \boxed{\textbf{A}}\sin\left(x+\dfrac{\pi}{\boxed{\textbf{B}}}\right)$ である。

　　ただし，$\boxed{\textbf{A}} > 0, 0 < \dfrac{\pi}{\boxed{\textbf{B}}} < \pi$ とする。

(2)　関数 $f(x)=e^{|\sqrt{3}\sin x+\cos x|}$ は

$$x=\frac{\boxed{\textbf{CD}}}{\boxed{\textbf{E}}}\pi \ \text{と}\ \frac{\boxed{\textbf{F}}}{\boxed{\textbf{G}}}\pi \ \text{のとき，最大値}\ e^{\boxed{\textbf{H}}}\ \text{をとり，}$$

$$x=\frac{\boxed{\textbf{IJ}}}{\boxed{\textbf{K}}}\pi \ \text{と}\ \frac{\boxed{\textbf{L}}}{\boxed{\textbf{M}}}\pi \ \text{のとき，最小値}\ \boxed{\textbf{N}}\ \text{をとる。}$$

(3)　(2)により，また方程式 $e^{|\sqrt{3}\sin x+\cos x|}=a$ の解をもつとき，解の個数 N は

$$\boxed{\textbf{O}} \leqq N \leqq \boxed{\textbf{P}}\ , N \neq 3$$

である。

注）実数：Real Number

- 計算欄 (memo) -

問2　$x \geqq 0$，不定積分

$$\int \frac{2x^3 - 6x^2 + 25x - 21}{x^2 - 2x + 10} dx = f(x) + C$$

を考えよう。ただし，Cは積分定数である。

(1)　$\dfrac{2x^3 - 6x^2 + 25x - 21}{x^2 - 2x + 10} = 2x - \boxed{\text{Q}} + \dfrac{x - \boxed{\text{R}}}{x^2 - 2x + 10}$ である。

(2)　(1)の結果を用いて，$f(x) = \boxed{\text{S}}$ を得る。ただし，$\boxed{\text{S}}$ には，下の ⓪ ～ ⑦ の中から適する式を選びなさい。

⓪　$x^2 - 2x + \log(x^2 - 2x + 10)$　　① $x^2 - x + \log(x^2 - 2x + 10)$

②　$x^2 - 2x + \dfrac{1}{2}\log(x^2 - 2x + 10)$　　③ $x^2 - x + \dfrac{1}{2}\log(x^2 - 2x + 10)$

④　$x^2 - 2x - \log(x^2 - 2x + 10)$　　⑤ $x^2 - x - \log(x^2 - 2x + 10)$

⑥　$x^2 - 2x - \dfrac{1}{2}\log(x^2 - 2x + 10)$　　⑦ $x^2 - x - \dfrac{1}{2}\log(x^2 - 2x + 10)$

(3)　(2)で選ばれた $f(x)$ に対して $x = \boxed{\text{T}}$ のとき，$f(x)$ の最小値は

$$\log\boxed{\text{U}} - \boxed{\text{V}}$$

である。また，$x \geqq 0$ において $f(x) = 15 + \log 5$ の解は $\boxed{\text{W}}$ 個がある。

– 計算欄 (memo) –

$\boxed{\text{IV}}$ の問題はこれで終わりです。$\boxed{\text{IV}}$ の解答欄 $\boxed{\textbf{X}}$ ～ $\boxed{\textbf{Z}}$ はマークしないでください。

コース 2 の問題はこれですべて終わりです。解答用紙の $\boxed{\text{V}}$ はマークしないでください。

**解答用紙の解答コース欄に「コース 2」が正しくマークしてあるか,
もう一度確かめてください。**

この問題冊子を持ち帰ることはできません。

実戦問題

解答時間 **80**分

問1　2次関数

$$l: y = f(x) = x^2 + (2k+2)x + k^2$$

を考える。$f(x)$ の頂点は

$$\left(\boxed{\text{A}}\,k - \boxed{\text{B}}\,,\ \boxed{\text{CD}}\,k - \boxed{\text{E}}\right)$$

であるので，頂点は，1次関数

$$m: y = g(x) = \boxed{\text{F}}\,x + \boxed{\text{G}}$$

上にある。l, m の $x = 3$ での点をそれぞれ P, Q と置くと，

$$P = (3, f(3)) = \left(3,\ k^2 + \boxed{\text{H}}\,k + \boxed{\text{IJ}}\right)$$
$$Q = (3, g(3)) = \left(3,\ \boxed{\text{K}}\right)$$

である。垂直線 PQ の長さ $|PQ|$ は

$$|PQ| = \left|k^2 + \boxed{\text{L}}\,k + \boxed{\text{M}}\right| = \left|\left(k + \boxed{\text{N}}\right)\left(k + \boxed{\text{O}}\right)\right|$$

であり，PQ は一点となるときに，

$$k = -\boxed{\text{N}}\ \text{または}\ -\boxed{\text{O}}$$

である。ただし，$\boxed{\text{N}} < \boxed{\text{O}}$ となるように答えなさい。

注）2次関数：Quadratic Function

- 計算欄 (memo) -

問2 いま，サイコロが3つある。その中の2つは普通のサイコロで（1,2番のサイコロとする），もう1つは「1,2,3,4,5」5つの目しか出せないとする（5つの目の出る確率は同じであり，このサイコロを3番とする）。

　3つのサイコロを $1, 2, 3$ という順番で振って，出た数字を (a, b, c) と記録する。以下の確率を求めよう。

$$P_{(a,\, b=3,\, c \geq 3)} = \frac{1}{\boxed{\text{PQ}}}$$

$$P_{(1個のみが6)} = \frac{\boxed{\text{R}}}{\boxed{\text{ST}}}$$

$$P_{(a+b+c \geq 12)} = \frac{\boxed{\text{UV}}}{\boxed{\text{WX}}}$$

注）サイコロ：Dice，確率：Probability

– 計算欄 (memo) –

$\boxed{\text{I}}$ の問題はこれで終わりです。$\boxed{\text{I}}$ の解答欄 $\boxed{\textbf{Y}}$ ～ $\boxed{\textbf{Z}}$ はマークしないでください。

Ⅱ

問1　方程式 $\sqrt{2}(x-y)=(x+y)^2$ で表される曲線 A について，曲線 A を原点 O を中心として，$\dfrac{\pi}{4}$ だけ回転させてできる曲線の方程式を求めよう。

(1)　曲線 A 上の点 (X, Y) を原点を中心として，$\dfrac{\pi}{4}$ だけ回転した点の座標を (x, y) とする。複素数平面上で $P(X+Yi)$, $Q(x+yi)$ とする。点 Q を原点を中心として $-\dfrac{\pi}{4}$ だけ回転した点を P とすると，

$$X = \frac{1}{\sqrt{\boxed{A}}}(x+y) \quad \cdots\cdots\cdots \quad ①$$

$$Y = \frac{1}{\sqrt{\boxed{A}}}(y-x) \quad \cdots\cdots\cdots \quad ②$$

である。曲線 A の方程式に代入すると，

$$x = \boxed{B}$$

である。$\boxed{B}$ に当てはまるものを，次の ⓪ ～ ③ のうちから一つ選びなさい。

⓪　$2y^2$　　　　①　y^2　　　　②　$\sqrt{2}\,y^2$　　　　③　$4y^2$

(2)　曲線 A と直線 $x=\sqrt{2}$ で囲まれる図形の面積を求めよう。

①を $X=\sqrt{2}$ に代入して整理すると，

$$x = -y + \boxed{C}$$

であり，直線 $x=-y+\boxed{C}$ と曲線 $x=\boxed{B}$ の交点の y 座標は，

$$y = \boxed{DE}, \quad \boxed{F}$$

である。

よって，求める面積は $\dfrac{\boxed{G}}{\boxed{H}}$ である。

– 計算欄 (memo) –

問2 座標空間内の2点 $A(0, 6, 0), B(0, -6, 0)$ を直径の両端とする球面をSとし，点 $P(x, y, z)$ が球面S上を動くとき，$3x + 4y + 5z$ の最大値を求めよう。

球面Sの方程式は

$$x^2 + y^2 + z^2 = \boxed{\text{IJ}}$$

である。また，$Q(3, 4, 5)$ とすると，$\overrightarrow{OP} \cdot \overrightarrow{OQ} = 3x + 4y + 5z$，$\overrightarrow{OP}$ と $\overrightarrow{OQ}$ のなす角を θ とすると，

$$\overrightarrow{OP} \cdot \overrightarrow{OQ} = |\overrightarrow{OP}||\overrightarrow{OQ}| \cos\theta = \boxed{\text{KL}} \sqrt{\boxed{\text{M}}} \cos\theta$$

を得る。ここで，

$$\boxed{\text{NO}} \leqq \cos\theta \leqq \boxed{\text{P}}$$

である。

$\theta = \boxed{\text{Q}}$ の場合，$\overrightarrow{OP} \cdot \overrightarrow{OQ}$ が最大値とれる。このとき $\overrightarrow{OP}$ を $k\overrightarrow{OQ}$ で表される。ゆえに，$k = \dfrac{\boxed{\text{R}} \sqrt{\boxed{\text{S}}}}{\boxed{\text{T}}}$ であり，$3x + 4y + 5z$ 最大値は $\boxed{\text{UV}} \sqrt{\boxed{\text{W}}}$ である。

- 計算欄 (memo) -

III

　関数 $f(x)=e^{-x}\sin x\,(x>0)$ について，$f(x)$ が極大値をとる x の値を小さい順に $x_1,\,x_2,\,\cdots$ をとる。

$$f'(x)=-\sqrt{\boxed{\text{A}}}\,e^{-x}\sin\left(x-\frac{\boxed{\text{B}}}{\boxed{\text{C}}}\pi\right)$$

$$f''(x)=-\boxed{\text{D}}\,e^{-x}\cos x$$

である。$f'(x)=0$ とすると，$x>0$ であるから，

$$x=\frac{\boxed{\text{E}}}{\boxed{\text{F}}}\pi+k\pi\,(k=0,\,1,\,\cdots)$$

を得る。

　以下では，n は自然数とする。$\boxed{\text{G}}\sim\boxed{\text{N}}$ に当てはまるものを，次の ⓪ 〜 ⑨ のうちから一つずつ選びなさい。ただし，同じものを繰り返して選んでもよい。

$$k=\boxed{\text{G}}\ \text{のとき},\cos\left(\frac{\pi}{4}+k\pi\right)<0$$

$$k=\boxed{\text{H}}\ \text{のとき},\cos\left(\frac{\pi}{4}+k\pi\right)>0$$

である。ゆえに，$k=\boxed{\text{H}}$ のとき，極大値をとるから，

$$f(x_n)=\frac{1}{\boxed{\text{I}}}e^{\boxed{\text{J}}}(e^{\boxed{\text{K}}})^{\boxed{\text{L}}}$$

である。ただし，$\boxed{\text{L}}<\boxed{\text{K}}$ とし，ゆえに，

$$\sum_{n=1}^{\infty}f(x_n)=\frac{e^{\boxed{\text{M}}}}{\boxed{\text{I}}(1-e^{\boxed{\text{N}}})}$$

が得られる。

⓪　$2n-1$　　　①　$n-1$　　　②　n　　　③　$2(n-1)$

④　$\sqrt{2}$　　　⑤　$-\dfrac{\pi}{4}$　　　⑥　$\dfrac{\pi}{4}$　　　⑦　$\dfrac{5}{4}\pi$

⑧　-2π　　　⑨　2π

－ 計算欄 (memo) －

Ⅲ の問題はこれで終わりです。Ⅲ の解答欄 **O** ～ **Z** はマークしないでください。

#

2つの関数

$$y = f(x) = |\cos x|$$
$$y = g(x) = -|\sin 2x|$$

で囲まれた $x = 0$ から $x = k\,(k > 0)$ までの面積を求めよう。

まず，$x = 0$ から $x = \dfrac{\pi}{2}$ までの面積を S_1 を求めると，

$$S_1 = \int_0^{\frac{\pi}{2}} (\cos x + \sin 2x)\,dx = \boxed{\text{A}}$$

を得る。

(1) $\left(\dfrac{\boxed{\text{B}}}{\boxed{\text{C}}} + m\right)\pi \leqq k \leqq (1 + m)\pi$ のとき（ただし，m は負ではない整数）

$a = k - \left(\dfrac{\boxed{\text{B}}}{\boxed{\text{C}}} + m\right)\pi$ とおくと，

$$\boxed{\text{D}} \leqq a \leqq \dfrac{\boxed{\text{E}}}{\boxed{\text{F}}}\pi$$

$$S(k) = \boxed{\text{G}}\,m + \boxed{\text{H}} + \int_{\frac{\pi}{2}}^{a + \frac{\pi}{2}} \{f(x) - g(x)\}\,dx$$

$$= \boxed{\text{G}}\,m + \dfrac{\boxed{\text{I}}}{\boxed{\text{J}}} - \cos a - \dfrac{\boxed{\text{K}}}{\boxed{\text{L}}}\cos \boxed{\text{M}}\,a$$

が得られる。

(2) $n\pi \leqq k \leqq \left(\dfrac{\boxed{\text{B}}}{\boxed{\text{C}}} + n\right)\pi$ のとき（ただし，n は負ではない整数）

$\beta = k - n\pi$ とおくと，

$$\boxed{\text{D}} \leqq \beta \leqq \dfrac{\boxed{\text{E}}}{\boxed{\text{F}}}\pi$$

$$S(k) = \boxed{\text{N}}\,n + \dfrac{\boxed{\text{O}}}{\boxed{\text{P}}} + \sin \beta - \dfrac{\boxed{\text{Q}}}{\boxed{\text{R}}}\cos \boxed{\text{S}}\,\beta$$

が得られる。

－ 計算欄 (memo) －

実戦問題

解答時間 80分

正解と得点分布図確認

QRコードを読み取ってオンライン解答用紙に解答を記入し、正解と得点分布を確認してください。

I

問1 実数 a に対して，2次不等式

$$4x^2 - 6x + 3a + 7 \leqq 0$$

を満たす整数 x の個数を N とする。まず，

$$f(x) = 4x^2 - 6x + 3a + 7$$

を置くことで，対称軸は

$$x = \frac{\boxed{A}}{\boxed{B}}$$

であるとわかる。

(1)　N＝0 であるとき，対称軸に最も近い整数は

$$x = \boxed{C}$$

である。よって，N＝0 であるための条件は

$$a > \frac{\boxed{DE}}{\boxed{F}}$$

である。

(2)　N＝1 であるとき，

$$x = \boxed{C}$$

であることにより，

$$\frac{\boxed{GH}}{\boxed{I}} < a \leqq \frac{\boxed{JK}}{\boxed{L}}$$

が得られる。

注）実数：Real Number，対称軸：Line Symmetry

－計算欄 (memo)－

問2　袋 A, B, C があり，それぞれに 3 枚のカードが入っている。各袋のカードには，1 から 3 までの数字が付けられている。袋 A, B, C からカードを 1 枚ずつ取り出し，出た数をそれぞれ a, b, c とする。

(1)　a, b, c の最大の数が 2 以下である場合は $\boxed{\text{M}}$ 通りあり，最大の数が 3 である場合は $\boxed{\text{NO}}$ 通りある。

(2)　a, b, c について，$a < b < c$ となる場合は $\boxed{\text{P}}$ 通りある。

(3)　出た数字 a, b, c によって，次のように点数を計算する。

$$a \leqq b \leqq c \text{ のときは，} (c - a + 1) \text{点}$$

$$\text{他の場合，} \qquad 0 \text{点}$$

点数が 1 点となる確率は $\dfrac{\boxed{\text{Q}}}{\boxed{\text{R}}}$ であり，得点が 3 点となる確率は $\dfrac{\boxed{\text{S}}}{\boxed{\text{T}}}$ である。

注）確率：Probability

– 計算欄 (memo) –

次の文中の $\boxed{E}$，$\boxed{H}$，$\boxed{I}$，$\boxed{M}$，$\boxed{P}$ 下の選択肢 ⓪ ～ ④ の中から適するものを選びなさい。

数列 $\{a_n\}$ について，1 項目から n 項目までの和を S_n とする。$S_n = 4 - a_n$ を満たす（n は自然数である）。数列 $\{b_n\}$ は $b_1 = 1,\ 2b_{n+1} - b_n = a_{n+1}$ と定める。数列 $\{b_n\}$ の一般項を求めよう。

$S_n = 4 - a_n$ より，

$$a_1 = \boxed{A},\quad \boxed{B}\, a_{n+1} = a_n$$

であり，

$$a_n = \left(\frac{\boxed{C}}{\boxed{D}}\right)^{\boxed{E}}$$

になる。

ここで $2b_{n+1} - b_n = a_{n+1}$ と定めるから，この式の両辺に 2^n を掛けると，

$$\frac{b_{n+1}}{\left(\frac{\boxed{F}}{\boxed{G}}\right)^{\boxed{H}}} = \frac{b_n}{\left(\frac{\boxed{F}}{\boxed{G}}\right)^{\boxed{I}}} + \boxed{J}$$

に変形できる。ここで，数列 $\{C_n\}$ を $C_n = \dfrac{b_n}{\left(\frac{\boxed{F}}{\boxed{G}}\right)^{\boxed{I}}}$ と定めると，

数列 $\{C_n\}$ は初項 $\boxed{K}$ であり，公差 $\boxed{L}$ の等差数列である。
したがって，

$$b_n = \boxed{M}\left(\frac{\boxed{N}}{\boxed{O}}\right)^{\boxed{P}}$$

である。

⓪ $n-2$ 　　① $n-1$ 　　② n 　　③ $n+1$ 　　④ $n+2$

注）数列：Number Sequence，公差：Tolerance，等差数列：Arithmetic Progression

– 計算欄 (memo) –

次の文中の <u>C</u> には，下の選択肢 ⓪ ～ ② の中から適するものを選びなさい。

(1) $z = \sqrt{3} - i$ のとき，$\left| z + \dfrac{2}{z} \right|$ の値を求めよう。

$|z| = \boxed{A}$ であり，$|z|^{\boxed{B}} = \boxed{C}$ によると，

$$\text{⓪} \quad z^2 \qquad \text{①} \quad \overline{z}^2 \qquad \text{②} \quad z\overline{z}$$

したがって，

$$\left| z + \frac{2}{z} \right| = \left| \frac{\boxed{D}}{\boxed{E}} z \right| = \boxed{F}$$

がわかる。

(2) z は複素数であり，式 $|2z + i| = |2 - iz|$ に満たせるとき，$|z|$ を求めよう。

$|2z + i| = |2 - iz|$ を $|z|^{\boxed{B}} = \boxed{C}$ を用いて展開すると，式

$$\boxed{G} \, z\overline{z} - 3 = 0$$

が得られるから，

$$|z| = \boxed{H}$$

である。

注）複素数：Complex Number

– 計算欄 (memo) –

Ⅲ の問題はこれで終わりです。Ⅲ の解答欄 | I | ～ | Z | はマークしないでください。

IV

問1 関数 $f(x) = x^4 - \dfrac{7}{2}x^2 + 4x$ と $y = x + a$ について考える。直線 $y = x + a$ と曲線 $y = f(x)$ が3つの共通点がある場合，a の値を求めよう。ただし，a は定数とする。関数 $g(x)$ を $g(x) = f(x) - x$ で定める。関数 $g(x)$ の導関数は

$$g'(x) = \left(x - \boxed{A}\right)\left(\boxed{B}\,x - \boxed{C}\right)\left(\boxed{D}\,x + \boxed{E}\right)$$

となる。

　次の文中 $\boxed{J}$ ，$\boxed{M}$ には，次の選択肢の ⓪，① のどちらか適するものを選び，他の空欄には適する数を入れなさい。

⓪　極小値　　　①　極大値

関数 $g(x)$ は $x = \dfrac{\boxed{FG}}{\boxed{H}}$ と $x = \boxed{I}$ で $\boxed{J}$ をとる。

また，$x = \dfrac{\boxed{K}}{\boxed{L}}$ で $\boxed{M}$ をとる。

したがって，直線 $y = x + a$ と曲線 $y = f(x)$ が3つの共通点がある場合，a の値は $a = \dfrac{\boxed{N}}{\boxed{O}}$ または $a = \dfrac{\boxed{PQ}}{\boxed{RS}}$ である。

注）定数：Constant，導関数：Derived Function

- 計算欄 (memo) -

問 2　曲線 C :

$$y = \log(ax)$$

に原点から接線 l を引く。曲線 C と接線 l および x 軸囲まれた図形を T とする。ただし，a は正の定数とする。

接線 l の方程式は　T　である。その接点の x 座標は　U　である。ただし，U ，T には，次の選択肢 ⓪ ～ ⑦ の中から適するものを選びなさい。

⓪　$y = \dfrac{1}{ae}x$　　　①　$y = ae \cdot x$　　　②　$y = \dfrac{a}{e}x$　　　③　$y = \dfrac{e}{a}x$

④　1　　　　　　　⑤　e　　　　　　⑥　$\dfrac{e}{a}$　　　　　⑦　$\dfrac{a}{e}$

したがって，図形 T の面積 $S_1 = \dfrac{1}{a}\left(\dfrac{e}{\boxed{V}} - \boxed{W} \right)$，接線 l と直線 $x = \boxed{U}$

および x 軸で囲まれた図形の面積は $S_2 = \dfrac{e}{\boxed{X}\,a}$ であることにより

$$\frac{S_1}{S_2} = \frac{e - \boxed{Y}}{e}$$

が得られる。

注）接線：Tangent

- 計算欄 (memo) -

IV の問題はこれで終わりです。IV の解答欄 **Z** はマークしないでください。

コース 2 の問題はこれですべて終わりです。解答用紙の V はマークしないでください。

**解答用紙の解答コース欄に「コース 2」が正しくマークしてあるか,
もう一度確かめてください。**

この問題冊子を持ち帰ることはできません。

第**10**回

実戦問題

解答時間 80分

問1　方程式

$$|x+3|+|x-2|=-x^2+23 \quad \cdots\cdots\cdots \quad ①$$

を考える。

　方程式 ① は，絶対値の記号を使わないで表すと，

$$x < \boxed{\text{AB}} \text{ のとき，} \qquad x^2-2x-\boxed{\text{CD}}=0$$

$$\boxed{\text{AB}} \leqq x \leqq \boxed{\text{E}} \text{ のとき，} \qquad x^2-18=0$$

$$x > \boxed{\text{E}} \text{ のとき，} \qquad x^2+2x-\boxed{\text{FG}}=0$$

となるため，方程式 ① の解は

$$x = \boxed{\text{HI}}, \ -\boxed{\text{J}}+\sqrt{\boxed{\text{KL}}}$$

である。

– **計算欄**(memo) –

問2　袋の中に，$0, 1, 2, 3, 4, 5, 6$ と番号がつけられた同じ大きさの 7 個の球が入っている。この袋の中から 3 個の球を同時に取り出して，出た数の組合せについて考える。

(1)　この組合せは全部 $\boxed{\text{MN}}$ 通りある。このうち，連続する 2 つの数を含まないような組合せは $\boxed{\text{OP}}$ 通りある。

(2)　出た数の組合せにより，次のように得点を与えるゲームを考える。出た数の中に 0 が含まれる場合の得点は 0 とする。その他の場合は，出た数のうち最大のものを得点とする。

ⅰ）　得点が 0 点となる確率は $\dfrac{\boxed{\text{Q}}}{7}$ である。

ⅱ）　得点が 4 点となる確率は $\dfrac{\boxed{\text{R}}}{\boxed{\text{ST}}}$ であり，5 点となる確率は $\dfrac{\boxed{\text{U}}}{\boxed{\text{ST}}}$ である。

ⅲ）　このゲームを 2 回続けて行う。ただし，1 回目のゲームで取り出した球を袋に戻してから 2 回目を行う。このとき，1 回目と 2 回目の得点の和が 11 点以上となる確率は $\dfrac{\boxed{\text{VW}}}{\boxed{\text{XYZ}}}$ である。

注）確率：Probability

- **計算欄** (memo) -

I の問題はこれで終わりです。

平面上の 3 つのベクトル $\vec{a}, \vec{b}, \vec{c}$ は $|\vec{a}| = 2|\vec{b}| = |\vec{c}| = |\vec{a} + 2\vec{b}| = 1$ を満たし，$\vec{c}$ は $\vec{a}$ に垂直で，$\vec{b} \cdot \vec{c} > 0$ とする。

(1) $\vec{a}$ と $\vec{b}$ の内積は $\vec{a} \cdot \vec{b} = -\dfrac{\boxed{A}}{\boxed{B}}$ である。また，$|\vec{a} + \vec{b}| = \dfrac{\sqrt{\boxed{C}}}{\boxed{D}}$，$\vec{a} + \vec{b}$ と $\vec{b}$ なす角は $\boxed{EF}^\circ$ である。

(2) ベクトル $\vec{c}$ を $\vec{a}$ と $\vec{b}$ で表すと，$\vec{c} = \dfrac{\sqrt{\boxed{G}}}{3}\vec{a} + \dfrac{\boxed{H}\sqrt{\boxed{I}}}{3}\vec{b}$ である。

(3) x と y を実数とする。ベクトル $\vec{p} = x\vec{a} + y\vec{c}$ が $0 \leqq \vec{p} \cdot \vec{a} \leqq 1, \ 0 \leqq \vec{p} \cdot \vec{b} \leqq \dfrac{1}{4}$ を満たすための必要十分条件は

$$\boxed{J} \leqq x \leqq \boxed{K}, \ x \leqq \sqrt{\boxed{L}}\,y \leqq x + \boxed{M}$$

である。x と y が上の範囲を動くとき，$\vec{p} \cdot \vec{c}$ は最大値 $\dfrac{\boxed{N}\sqrt{\boxed{O}}}{\boxed{P}}$ をとり，

この最大値をとるときの $\vec{p}$ を $\vec{a}$ と $\vec{b}$ で表すと，

$$\vec{p} = \dfrac{\boxed{Q}}{3}\vec{a} + \dfrac{\boxed{R}}{3}\vec{b}$$

である。

注）ベクトル：Vector，内積：Inner Product

− 計算欄 (memo) −

Ⅱ の問題はこれで終わりです。Ⅱ の解答欄 **S** 〜 **Z** はマークしないでください。

次の漸化式 ① で表される複素数の数列を考える。

$$z_1 = 1, \ z_{n+1} = \frac{-1+\sqrt{3}\,i}{2} z_n + \sqrt{3}\,i \ (n = 1, \ 2, \ \cdots) \quad \cdots\cdots\cdots \quad ①$$

(1) 漸化式 ① は

$$z_{n+1} - \frac{\boxed{AB} + \sqrt{\boxed{C}}\,i}{\boxed{D}} = \frac{\boxed{EF} + \sqrt{\boxed{G}}\,i}{\boxed{H}} \left(z_n - \frac{\boxed{AB} + \sqrt{\boxed{C}}\,i}{\boxed{D}} \right)$$

と表すことができるため, $\left\{ z_n - \dfrac{\boxed{AB} + \sqrt{\boxed{C}}\,i}{\boxed{D}} \right\}$ は

初項 $\dfrac{\boxed{I} - \sqrt{\boxed{J}}\,i}{\boxed{K}}$, 公比 $\dfrac{\boxed{EF} + \sqrt{\boxed{G}}\,i}{\boxed{H}}$

の等比数列である。

(2) z_n のすべての値は $\boxed{L}$, $\boxed{MN}$, $\dfrac{\boxed{OP} + \boxed{Q}\sqrt{\boxed{R}}\,i}{\boxed{S}}$ のいずれである。

る。

注) 漸化式：Recurrence Formula, 複素数：Complex Number

- 計算欄 (memo) -

問1 座標平面上の原点 O を中心とし，半径 3 の円を S とする。円 S 上の 2 点 A，B を A$(3\cos\theta, 3\sin\theta)$，B$\left(3\cos\left(\theta+\dfrac{\pi}{2}\right), 3\sin\left(\theta+\dfrac{\pi}{2}\right)\right)$ とする。ただし，$0<\theta<\dfrac{\pi}{2}$ とする。円 S 上の点 A，B における接線をそれぞれ l，m とし，l，m の交点を C とする。

(1)　線分 OC の長さは $\boxed{\text{A}}\sqrt{\boxed{\text{B}}}$ であり，点 C の座標は

$$\left(\boxed{\text{C}}\sqrt{\boxed{\text{D}}}\cos\left(\theta+\dfrac{\pi}{\boxed{\text{E}}}\right), \boxed{\text{C}}\sqrt{\boxed{\text{D}}}\sin\left(\theta+\dfrac{\pi}{\boxed{\text{E}}}\right)\right)$$

と表すことができる。

(2)　線分 AC の中点を P とし，直線 l と x 軸の交点を Q とする。点 P の座標は

$$\left(\dfrac{\boxed{\text{F}}\cos\theta-\boxed{\text{G}}\sin\theta}{\boxed{\text{H}}}, \dfrac{\boxed{\text{F}}\sin\theta+\boxed{\text{G}}\cos\theta}{\boxed{\text{H}}}\right)$$

と表される。三角形 OAC の面積が三角形 OQA の面積の 2 倍になるとき，

点 P の座標は $\left(\dfrac{\boxed{\text{I}}}{\boxed{\text{JK}}}\sqrt{\boxed{\text{L}}}, \dfrac{\boxed{\text{M}}}{\boxed{\text{N}}}\sqrt{\boxed{\text{O}}}\right)$ である。

- 計算欄 (memo) -

問 2　関数 $f(x) = \dfrac{1}{x^2 + 4}$ について考える。

(1)　直線 $y = \dfrac{1}{8}$ と曲線 $y = f(x)$ の交点のうち，x 座標が正であるものを M とする。点 M における $y = f(x)$ の接線の方程式は $y = -\dfrac{1}{\boxed{PQ}}x + \dfrac{\boxed{R}}{\boxed{S}}$ となる。

(2)　直線 $y = \dfrac{1}{8}$ と曲線 $y = f(x)$ で囲まれる面積 S は $S = \dfrac{\pi}{\boxed{T}} - \dfrac{\boxed{U}}{\boxed{V}}$ となる。また，直線 $y = \dfrac{1}{8}$ と曲線 $y = f(x)$ で囲まれた図形を x 軸のまわり 1 回転させてできた回転体の体積 V は $V = \dfrac{\boxed{W}}{\boxed{XY}}\pi^{\boxed{Z}}$ となる。

注）接線：Tangent

- 計算欄 (memo) -

$\boxed{\text{IV}}$ の問題はこれで終わりです。

コース 2 の問題はこれですべて終わりです。解答用紙の $\boxed{\text{V}}$ はマークしないでください。

**解答用紙の解答コース欄に「コース 2」が正しくマークしてあるか,
もう一度確かめてください。**

この問題冊子を持ち帰ることはできません。

Answer Sheet

解答用紙

数学　MATHEMATICS

【表　FRONT SIDE】

日本留学試験模擬試験
EJU Simulation Test for International Students

数学　解答用紙　MATHEMATICS ANSWER SHEET

受験番号
Examinee Registration Number

名前
Name

◀ あなたの受験票と同じかどうか確かめてください。　Check that these are the same as your Examination Voucher. ◀

解答コース Course

	コース1 Course 1	コース2 Course 2

この解答用紙に解答するコースを、1つ◯で囲み、その下のマーク欄をマークしてください。
Circle the name of the course you are taking and fill in the oval under it.

Ⅰ 解答欄 Answer

Ⅱ 解答欄 Answer

【悪い例 Incorrect Example】

解答コース Course
コース1 Course 1　コース2 Course 2

解答コース Course
コース1 Course 1　コース2 Course 2

注意事項　Note

Marking Examples.

よい例 Correct	悪い例 Incorrect

1. 必ず鉛筆（HB）で記入してください。
2. この解答用紙を汚したり折ったりしてはいけません。
3. マークは下のよい例のように、◯わく内を完全にぬりつぶしてください。
4. 訂正する場合はプラスチック消しゴムで完全に消し、消しくずを残してはいけません。
5. 解答番号はAからZまでありますが、問題のあるところまで答えて、あとはマークしないでください。
6. 所定の欄以外には何も書いてはいけません。
7. Ⅲ,Ⅳ,Ⅴの解答欄は裏面にあります。
8. この解答用紙はすべて機械で処理しますので、以上の1から7までが守られていないと採点されません。

— 151 —

日本留学試験模擬試験
EJU Simulation Test for International Students
数学　解答用紙　MATHEMATICS ANSWER SHEET

The Correct Answer

正解表

第 1 回

問 Q.		問題番号 row	正解 A.
I	問1	A	4
		B	2
		C	3
		DEF	423
		G	0
		H	8
	問2	IJ	16
		KLMN	1427
		OPQRS	11108
II		A	2
		B	3
		C	1
		D	1
		EF	13
		GH	23
		IJK	153
		LMN	512

問 Q.		問題番号 row	正解 A.
III	問1	A	4
		B	4
		C	2
		D	1
		EF	12
		G	7
		HI	13
		JK	19
		L	4
		MN	32
	問2	O	2
		P	2
		QR	01
		ST	−3
		U	2
		V	6
		WXY	−12
IV		AB	02
		CD	20
		E	4
		F	6
		G	4
		HI	86

第2回

問 Q.		問題番号 row	正解 A.
I	問1	A	1
		B	4
		C	3
		DE	−5
		F	2
		G	4
		HI	−5
		J	3
		KL	−2
	問2	M	2
		N	1
		O	0
		PQ	27
		RS	15
II	問1	A	3
		B	2
		CDE	211
		FG	34
		HI	12
		J	4
	問2	KL	44
		M	1
		NOPQR	14357
		ST	22
		UV	22

問 Q.		問題番号 row	正解 A.
III		A	2
		B	2
		CD	12
		EF	13
		GH	42
		I	4
		J	2
		K	2
		L	4
		M	8
		N	4
		O	5
IV		AB	−1
		C	0
		D	4
		E	3
		F	4
		G	4
		HIJ	195
		K	1
		L	4
		M	4
		NO	73
		P	2
		Q	4
		R	4
		STU	815
		VWX	203

正解表

第 3 回

問 Q.		問題番号 row	正解 A.
I	問1	A	3
		B	5
		C	9
		DE	24
		FG	16
		HIJKL	−2512
		M	9
		NO	24
		PQ	16
		RS	16
	問2	T	1
		U	3
		V	3
		W	2
II	問1	A	9
		BC	12
		DE	16
		FGH	916
		IJ	34
		KLM	152
		NOP	352
	問2	Q	1
		RS	03
		TU	65
		VW	23
		XY	98

問 Q.		問題番号 row	正解 A.
III		A	3
		BCD	330
		EFGHI	13245
		JKL	132
		MN	−1
		O	0
		PQR	132
IV		A	2
		BC	43
		DE	31
		FG	23
		H	1
		I	0
		JK	42
		L	0
		MN	56
		OPQR	3412
		STUV	2565

第 4 回

問 Q.		問題番号 row	正解 A.
I	問1	AB	−1
		C	1
		DEF	−14
		G	0
		H	1
		IJ	−1
		KL	22
	問2	MN	64
		OPQ	132
		RST	164
		UVWX	1516
II		A	3
		B	2
		CD	52
		EFG	232
		HI	－－
		JK	32
		LM	30
		NO	21
		P	0
		QR	13
		S	3
		TU	12
		V	1

問 Q.		問題番号 row	正解 A.
III		AB	23
		CD	23
		EF	87
		G	2
		HI	66
IV	問1	AB	−2
		C	2
		DE	02
		F	0
		GH	−2
		I	0
		J	4
		K	3
		L	0
		M	2
	問2	NOP	−12
		Q	2
		RS	43
		T	2
		UV	32

第5回

問 Q.		問題番号 row	正解 A.
I	問1	A	0
		BC	−2
		D	3
	問2	EFG	120
		HIJK	3125
		LMNO	2220
II		A	2
		BCD	−12
		EF	32
		GH	10
		IJ	72
		K	2
		L	6
		MN	32
		OP	52

問 Q.		問題番号 row	正解 A.
III		AB	21
		CDEFG	24121
		H	1
		I	2
		JK	12
		L	2
		MN	32
		O	2
		P	1
		QR	13
		S	2
IV	問1	AB	−1
		CD	−2
		E	1
		F	4
		G	1
		HI	−3
		JK	42
	問2	L	0
		M	2
		NO	12
		PQ	22
		R	4

第 6 回

問 Q.		問題番号 row	正解 A.
I	問1	A	2
		B	5
		C	5
		D	9
		E	8
		F	4
	問2	GHI	128
		JKL	328
		MNOP	1114
II		A	1
		B	4
		CD	12
		E	9
		F	9
		GHI	−13
		JKL	263
		MNO	−79
		PQR	423

問 Q.		問題番号 row	正解 A.
III		AB	12
		C	5
		DEF	−35
		GH	45
		I	2
		JK	−3
IV	問1	AB	32
		C	3
		DEF	−23
		GH	13
		IJK	123
		L	2
		M	3
	問2	NO	01
		P	6
		QR	17
		S	1
		TUV	263

第7回

問 Q.		問題番号 row	正解 A.
I	問1	A	5
		B	3
		C	5
		DE	16
		F	9
		G	4
		HI	25
		J	5
		K	5
		LM	16
		N	9
	問2	OP	16
		QR	16
		STUV	1154
		WXY	754
II		A	3
		B	2
		CD	31
		EF	21
		GH	15
		IJ	25
		K	6
		LM	35

問 Q.		問題番号 row	正解 A.
III		A	2
		B	2
		CDE	−22
		FGH	234
		IJ	10
		KLM	418
IV	問1	A	2
		B	6
		CDE	−23
		FG	13
		H	2
		IJK	−16
		LM	56
		N	1
		OP	25
	問2	Q	2
		R	1
		S	2
		T	1
		UV	31
		W	1

第 8 回

問 Q.		問題番号 row	正解 A.
I	問1	A	−
		B	1
		CD	−2
		E	1
		F	2
		G	1
		H	6
		IJ	15
		K	7
		L	6
		M	8
		N	2
		O	4
	問2	PQ	60
		RST	518
		UVWX	1136
II	問1	A	2
		B	1
		C	2
		DE	−2
		F	1
	問2	GH	92
		IJ	36
		KLM	302
		NOP	−11
		Q	0
		RST	325
		UVW	302

問 Q.		問題番号 row	正解 A.
III		A	2
		BC	14
		D	2
		EF	14
		G	0
		H	3
		IJKL	4581
		MN	58
IV		A	2
		BC	12
		D	0
		EF	12
		G	4
		H	2
		IJ	72
		KL	12
		M	2
		N	4
		OP	12
		QR	12
		S	2

第9回

問 Q.		問題番号 row	正解 A.
I	問1	AB	34
		C	1
		DEF	−53
		GHI	−73
		JKL	−53
	問2	M	8
		NO	19
		P	1
		QR	19
		ST	19
II		A	2
		B	2
		CD	12
		E	0
		FG	12
		H	3
		I	2
		J	2
		K	2
		L	2
		MNOP	2121

問 Q.		問題番号 row	正解 A.
III		A	2
		B	2
		C	2
		DE	32
		F	3
		G	3
		H	1
IV	問1	ABCDE	12123
		FGH	−32
		I	1
		J	0
		KL	12
		M	1
		NO	12
		PQRS	1116
	問2	T	2
		U	6
		VW	21
		X	2
		Y	2

第10回

問 Q.		問題番号 row	正解 A.
I	問1	AB	−3
		CD	24
		E	2
		FG	22
		HI	−4
		J	1
		KL	23
	問2	MN	35
		OP	10
		Q	3
		RST	335
		U	6
		VWXYZ	44245
II		AB	14
		CD	32
		EF	90
		G	3
		H	4
		I	3
		J	0
		K	1
		L	3
		M	1
		NOP	233
		Q	5
		R	8

問 Q.		問題番号 row	正解 A.
III		AB	−1
		C	3
		D	2
		EF	−1
		G	3
		H	2
		I	3
		J	3
		K	2
		L	1
		MN	−2
		OP	−1
		Q	3
		R	3
		S	2
IV	問1	AB	32
		CD	32
		E	4
		F	6
		G	3
		H	2
		IJKL	9105
		MNO	655
	問2	PQ	16
		RS	14
		T	4
		UV	12
		WXY	132
		Z	2

시사일본어학원 수원EJU플랜센터
EJU 일본대학전문학원

EJU문과종합반 **EJU이과종합반** **미대(예체능)대비반**

시사 EJUplan이 일본 명문대 진학의 길을 열어드립니다!

01 **최단기간 합격에 맞춘 최상의 커리큘럼**(타의 추종을 불허하는 스케줄!!)
- 초단기간에 N2완성 및 EJU 전과목 학습 시작
- 한자/독해/회화/문법의 체계적인 학습(어학연수 프로그램도입)
- 스케줄대로 따라 오면 반드시 고득점이 나온다.

02 **담임제 학원입학부터 최종 대학입학까지 관리**
- 담임선생님이 최종 입학때 까지 학습 관리
- 일본유학 상담 12년 경력의 상담선생님의 주기적인 관리
- 3개월 단위 부모님 상담 및 학습성취도 관리

03 **최고의 강사진이 고득점을 반드시 달성한다.**
- 서울 유명학원의 강사진을 능가하는 최고의 강사진
- JLPT 및 EJU 전과목 강사진의 탁월한 강의력

04 **체계적인 대학지원 및 전략수립 원서대행**
- 12년 경력의 전문상담 선생님의 대학지원 상담
- 최근 5년 합격/불합격 자료를 바탕으로 반드시 합격시킨다.

05 **본고사 및 면접대비/지망이유서의 체계적인 관리**
- 이제 EJU점수만으로 합격을 안심할 수 없다.
- 구두시문/본고사완벽대비/ 면접/지망이유서의 체계적인 작성
- 최다 일본인 선생님의 전방위적인 지원

06 **영어성적이 이제 명문대 합격을 좌우한다.**
- 20년 경력의 토플선생님이 반드시 고득점을 보장한다.
- 최고의 토익강사진이 단기간에 토익 목표 달성

www.sisasuwon.co.kr

수원역점 수원역 9번출구 031) **224-1582**
영 통 점 영통역 1번출구 031) **273-7311**

㈜해외교육사업단 발행 도서

일본유학시험(EJU)
2018년 2회 기출문제

일본유학시험(EJU)
2018년 1회 기출문제

일본유학시험(EJU)
2017년 2회 기출문제

일본유학시험(EJU)
2017년 1회 기출문제

일본유학시험(EJU)
실전문제집:기술, 독해vol.1

일본유학시험(EJU)
실전문제집:종합과목vol.1

일본유학시험(EJU)
실전문제집:수학1 vol.1

일본유학시험(EJU)
실전문제집:수학2 vol.1

일본유학정보도서
일본대학 학과도감

일본유학정보도서
일본 고등학교 유학가기

일본유학정보도서
일본 유학으로 성공하기

일본유학정보도서
일본 유학 수속 가이드

▶ 판매처 : 교보문고, 영풍문고, 예스24, 알라딘, 인터파크 (각 서점 및 사이트에서 구입 가능)

▶ 해외교육사업단 : 전화 02-552-1010/ 팩스 02-552-1062/ 이메일 hedc@hed.co.kr

일본유학시험(EJU) 실전문제집
수학 코스2 Vol. 1

초판발행일 : 2019년 10월 1일

저　　　자 : 메코시코주쿠(名校志向塾)

발　행　인 : 송 부 영

발　행　처 : (주)해외교육사업단

출 판 등 록 : 제16-1456호

주　　　소 : 서울시 서초구 강남대로 381

전　　　화 : 02-736-1010

이　메　일 : song@hed.co.kr

홈 페 이 지 : www.hedgroup.co.kr